我国科学研究社会捐赠的潜力与引导政策研究

吴 杨 著

科学技术文献出版社
SCIENTIFIC AND TECHNICAL DOCUMENTATION PRESS

·北京·

图书在版编目（CIP）数据

我国科学研究社会捐赠的潜力与引导政策研究 / 吴杨著. —北京：科学技术文献出版社，2023.11

ISBN 978-7-5235-0373-7

Ⅰ．①我… Ⅱ．①吴… Ⅲ．①慈善事业—研究—中国 Ⅳ．① D632.1

中国国家版本馆 CIP 数据核字（2023）第 113742 号

我国科学研究社会捐赠的潜力与引导政策研究

策划编辑：崔　静　　责任编辑：韩　晶　　责任校对：王瑞瑞　　责任出版：张志平

出　版　者	科学技术文献出版社	
地　　　址	北京市复兴路15号　　邮编 100038	
编　务　部	(010) 58882938，58882087（传真）	
发　行　部	(010) 58882868，58882870（传真）	
邮　购　部	(010) 58882873	
官　方　网　址	www.stdp.com.cn	
发　行　者	科学技术文献出版社发行　全国各地新华书店经销	
印　刷　者	北京虎彩文化传播有限公司	
版　　　次	2023 年 11 月第 1 版　2023 年 11 月第 1 次印刷	
开　　　本	787×1092　1/16	
字　　　数	93千	
印　　　张	6	
书　　　号	ISBN 978-7-5235-0373-7	
定　　　价	48.00元	

前　言

近年来，提倡科学研究社会捐赠的政策密集出台，明确提出鼓励社会力量投入科学研究。党的二十大提出"集聚力量进行原创性引领性科技攻关"，并"加大多元化科技投入"。同时，我国"十四五"规划中明确提出加大研发投入，健全政府投入为主、社会多渠道投入机制，这使社会资本被认可为科学研究多元化投入的重要组成部分。

社会捐赠作为我国发挥社会力量多元化投入科学研究的重要渠道，其发展较为缓慢，且我国科学研究社会捐赠（简称"科研捐赠"）起步较晚，尚未形成合理的捐赠投入格局。我国在科研捐赠的规模、结构和政策引导方面与美国等发达国家存在较大差距。

社会捐赠在使用中经常被等同于社会公益、慈善行为等概念，尚未形成共识。此外，当前学界没有对"科研捐赠"这一概念进行明确定义。通过对大量相关资料的梳理，可以看出我国对于"捐赠"这一行为的解释认为其存在着自愿性、无偿性、为社会公共事业服务等特征。因此，本研究提出社会捐赠是指自然人、法人或其他组织自愿将自身合法财产单方面向非营利性事业单位、社会团体等受益人无偿转让的行为。此外，基于教育部将"科学研究"定义为"为了增进知识包括关于人类文化和社会的知识以及利用这些知识去发明新的技术而进行的系统的创造性工作"，本研究将"科研捐赠"定义为自然人、法人或其他组织自愿将自身合法财产单方面向进行科学研究的非营利性事业单位、社会团体等受益人无偿转让的行为。

为了正确认识我国科研捐赠的现状及其未来的发展潜力，本研究从 5 个方面探讨我国科研捐赠的能力与潜力，并提出可操作的政策建议。第一，本研究从社会捐赠总体框架、科研捐赠投入格局、科研捐赠问题 3 个方面来分析我国科研捐赠的现状。

第二，通过调研分析企业投入科研捐赠能力与实践，挖掘我国以企业为主体的社会力量投入科研捐赠的能力。第三，分析美国科研捐赠的优势与不足，为我国科研捐赠的发展提供参考。第四，从政策引领、社会力量、捐赠途径等方面挖掘我国科研捐赠的潜力。第五，基于以上研究内容提出激励我国科研捐赠的政策措施。

目　录

第一章　我国科学研究社会捐赠的现状

一、我国社会捐赠的总体框架

（一）国内外社会捐赠基本框架对比

本研究从捐赠主体、捐赠接收对象、捐赠领域等方面来描述社会捐赠的基本框架，并将我国社会捐赠框架与发达国家进行对比，分析其中的异同点。其中，捐赠主体[①]包括公民、法人或其他组织；捐赠接收对象[②]包括公益性社会团体[③]和公益性、非营利性事业单位[④]。

1. 我国社会捐赠的基本框架

我国社会捐赠的主体主要包括企业、个人、社会组织、事业单位和宗教场所、政府部门、民主党派和群团组织等，如图1-1所示。2019年，企业捐赠达到931亿元，约占捐赠总额的62%；个人捐赠达到398亿元，约占捐赠总额的26%，同比增长11%。捐赠接收对象主要以基金会和慈善会为主。2020年，基金会和慈善会接收捐赠额分别为700亿元和400亿元[⑤]，约占总捐赠接收额的45%和26%。基金会和慈善会作为管理运作较为成熟的接收方，其接收捐赠额占总捐赠接收额的比重基本稳定在70%以上，是我国主要的捐赠接收渠道。捐赠领域方面，我国

---

① 资料来源：《中华人民共和国公益事业捐赠法》。
② 资料来源：《中华人民共和国公益事业捐赠法》。
③ 公益性社会团体是指依法成立的，以发展公益事业为宗旨的基金会、慈善组织等社会团体。
④ 公益性、非营利性事业单位是指依法成立的，从事公益事业的不以营利为目的的教育机构、科学研究机构、医疗卫生机构、社会公共文化机构、社会公共体育机构和社会福利机构等。
⑤ 杨团，朱健刚. 中国慈善发展报告（2021）[M]. 北京：社会科学文献出版社，2021.

社会捐赠涉及的领域较为广泛，并逐渐在全国范围内得到越来越多的关注和支持，捐赠领域主要有教育，扶贫与发展，医疗健康，公共事业，人群服务，文化、艺术和体育，非定向，科学研究与倡导，减灾救灾，生态环境，就业创业等。

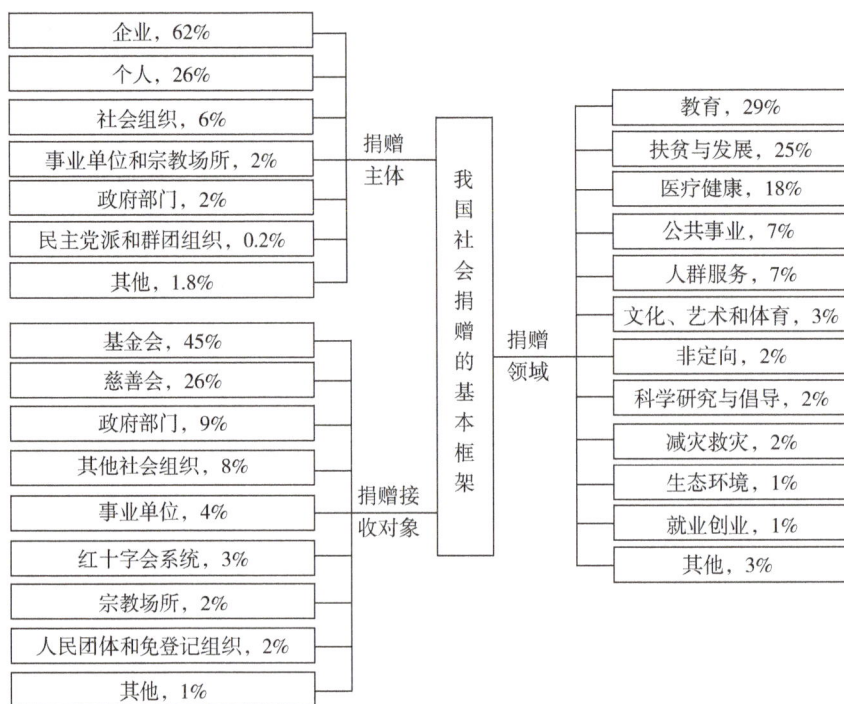

图 1-1　我国社会捐赠的基本框架

（资料来源：课题组根据《2019 年度中国慈善捐助报告》和
《慈善蓝皮书：中国慈善发展报告（2020）》绘制而成）

2. 发达国家社会捐赠的基本框架

美国社会捐赠与我国在捐赠主体、捐赠领域方面的差异较大。捐赠主体方面，美国社会捐赠的主要来源是个人，其在 2020 年的捐赠占当年捐赠总额的近 70%，远高于基金会、遗产及企业等主体的捐赠（图 1-2）；而我国社会捐赠的主要来源是企业，其在 2020 年的捐赠占比约为 60%。捐赠接收对象方面，美国以非营利组织为主，具体接收对象的机构类型与我国存在区别，美国的教会、私立医院等主体是直接接收捐赠的对象，而我国更多以基金会和慈善会为主。值得一提的是，美国的基金会既是捐赠主体又是捐赠接收对象，而我国的基金会以捐赠接收对象的职能为主。捐赠领域方面，美国的社会捐赠领域主要以宗教、教育、公共服务、资助型基金会及公共社会福利为主，其中宗教占比最大，比例为27%，其余4项也在10%左右；而我国的社会捐赠领域主要以教育、扶贫与发展、医疗健康为主，三者相加占比约为72%。

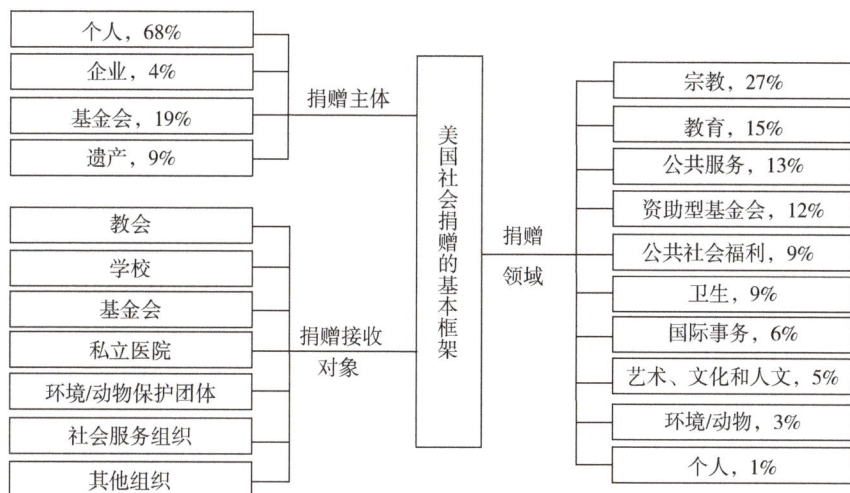

图 1-2　美国社会捐赠的基本框架

（资料来源：课题组根据 Giving USA 2020 绘制而成）

澳大利亚与我国的社会捐赠在捐赠主体与捐赠领域方面的差异较大。捐赠主体方面，澳大利亚的捐赠资金来源分类更加细致，如捐赠资金来源中增加了服务费用、商品销售的金额、投资的利息和股息、版税和许可费、遗产等。捐赠领域方面，澳大利亚的社会捐赠领域主要以宗教、人类服务、教育为主，三者相加占比约为55%，如图 1-3 所示。捐赠接收对象方面，澳大利亚将大学直接作为单独的社会捐赠接收对象，我国则更多以高校基金会作为高校接收捐赠的机构。

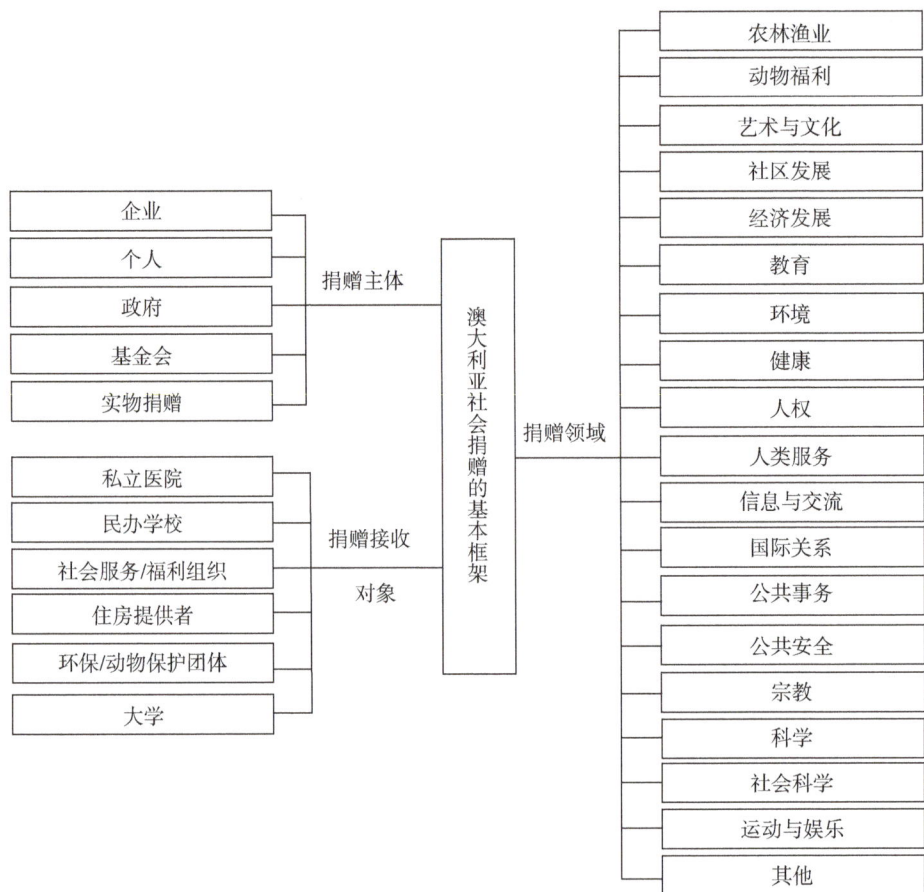

图 1-3　澳大利亚社会捐赠的基本框架

（资料来源：课题组根据 Australian Government & Australian Charities and
Not-for-profits Commission 绘制而成）

　　国内外在社会捐赠主体、捐赠领域、捐赠接收对象方面均存在相似性和差异性。捐赠主体方面，国内的捐赠主体以企业为主，国外的捐赠主体以个人为主。捐赠领域方面，国外的宗教事业是社会捐赠投入占比较大的一个部分，我国没有将宗教事业作为捐赠领域；我国的扶贫事业是捐赠投入的重要领域，国外将该领域统称为社区服务、人类社会服务等领域。此外，国内外的科学研究社会捐赠在总捐赠中的占比均不高。捐赠接收对象方面，国内外均以基金会、慈善会等机构为主，但国内的基金会基本不作为社会捐赠的资金来源，更多地承担了实施捐赠行为的中介职能。

（二）社会捐赠的投入分析

我国当前社会捐赠的主体以企业和个人为主，两者捐赠的总额占社会捐赠总额的 80% 以上；社会捐赠的接收对象以基金会、慈善会等非营利机构为主，两者接收捐赠的总额达到社会捐赠总额的 70% 以上；社会捐赠的领域以教育、扶贫与发展和医疗健康为主，三者的捐赠金额合计超过总量的 70%。

1. 我国社会捐赠的主体是企业

我国社会捐赠的总额呈现出波动增加的趋势。我国社会捐赠的总额由 2011 年的 845 亿元增加到 2020 年的 2086 亿元，增加了 1 倍以上，2014 年我国社会捐赠的总额超过 1000 亿元，2020 年突破 2000 亿元。从变化趋势来看，除 2012 年与 2018 年出现小幅下降外，我国社会捐赠的总额总体呈现逐年增加的趋势，如图 1-4 所示。2019—2020 年的捐赠金额增加最多，增加了 559 亿元，这与近年来的突发疫情关系较大。

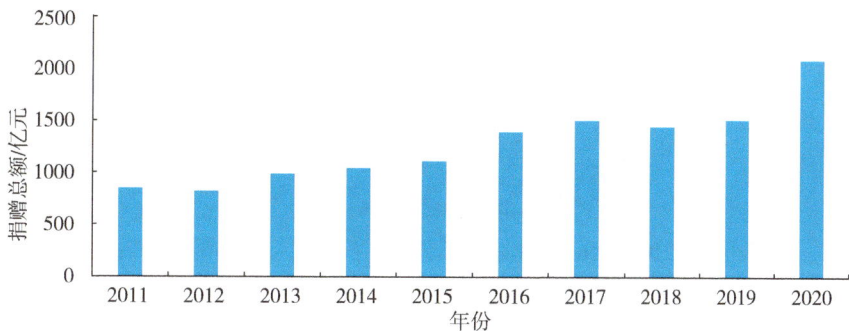

图 1-4　2011—2020 年我国社会捐赠总额

（资料来源：2011—2020 年度中国慈善捐助 / 捐赠报告）

我国社会捐赠主体呈现出以企业为主、个人和其他力量共同支持的总体布局。企业是社会捐赠投入最多的主体，2011—2020 年 10 年平均捐赠金额为 807 亿元，投入社会捐赠的年均占比为 64%，如图 1-5、图 1-6 所示。企业捐赠金额呈现出波动上升的趋势，由 2011 年的 486 亿元增加到 2020 年的 1218 亿元，增加了将近 2 倍，且在较多年份都呈现出连续增加的趋势。我国个人捐赠的投入仅次于企业，2011—2020 年，个人捐赠投入社会捐赠的年均占比为 22%。其捐赠金额由 2011 年的 267 亿元增加至 2020 年的 524 亿元，增加了约 1 倍。以 2014 年为界，个人捐赠呈现出很明显的先下降再上升的趋势。我国社会捐赠的其他主体包括社会组织、事业单位和宗教场所、政府部门、民主党派和群团组织等。2011—2020年，其他主体投入社会捐赠的年均占比为14%，呈现出波动上升的趋势。可以看出，个人捐赠和其他主体捐赠的涨落趋势呈现出互补的情形。

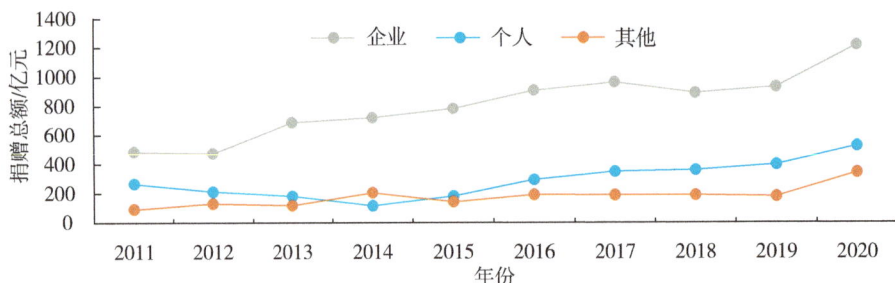

图1-5　2011—2020年我国不同主体投入社会捐赠的总额

注："其他"指除企业和个人外的其他主体

（资料来源：2011—2020年度中国慈善捐助／捐赠报告）

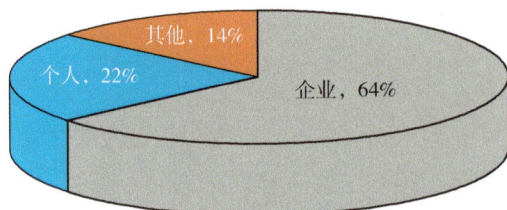

图1-6　2011—2020年我国不同主体投入社会捐赠的年均占比

（资料来源：2011—2020年度中国慈善捐助／捐赠报告）

2.我国社会捐赠的主要接收对象是基金会

我国社会捐赠的接收对象包括基金会、慈善会、政府部门、事业单位、宗教场所、非基金会和慈善会系统等社会组织，以及除民政外的其他党政机关、人民团体等免登组织等，如图1-7、图1-8所示。基金会是接收社会捐赠最多的主体，2015—2020年平均接收金额占总捐赠额的42%，且其接收金额在逐年持续增加，由2015年的446亿元增加至2020年的720亿元。慈善会次之，2015—2020年平均接收金额占总捐赠额的26%，且其接收金额呈波动增加的趋势。政府部门是接收的第三大主体，2015—2020年平均接收金额占总捐赠额的12%，但其接收金额呈现下降的趋势，由2015年的214亿元下降至2020年的150亿元。

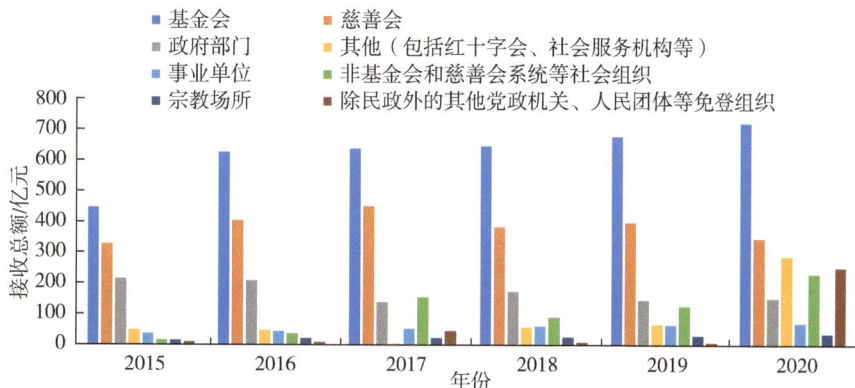

图 1-7　2015—2020 年我国社会捐赠接收对象的接收总额

（资料来源：2015—2020 年度中国慈善捐助 / 捐赠报告）

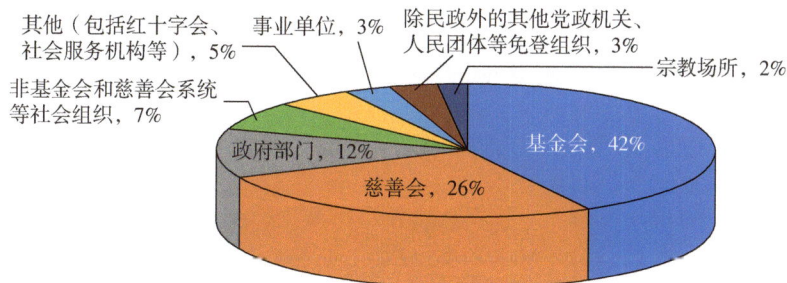

图 1-8　2015—2020 年我国社会捐赠接收对象的平均接收占比

（资料来源：2015—2020 年度中国慈善捐助 / 捐赠报告）

3. 我国社会捐赠主要投入教育领域

从总体趋势上看，2011—2020 年，我国社会捐赠投入各领域的总金额在增加，但从 10 年数据的波动来看，不同领域差异性较大，如图 1-9、图 1-10 所示。教育领域是社会捐赠投入最多的领域，10 年间捐赠投入占社会捐赠总投入的 28% 左右，且其捐赠投入的持续增长趋势最为显著，由 2011 年的 285 亿元增加至 2020 年的 450 亿元。医疗健康领域是社会捐赠投入较多的领域，10 年间捐赠投入占社会捐赠总投入的 25%，仅次于教育领域，2019—2020 年捐赠投入由 272 亿元增加到 710 亿元，增加了 438 亿元，新冠疫情使得该领域的捐赠投入大幅增加，可以看出我国社会力量在应对重大突发公共卫生事件时具有较强的捐赠能力。扶贫与发展领域 10 年间捐赠投入占社会捐赠总投入的 19%，该领域的捐赠投入波动较大，2016 年的捐赠投入为 293 亿元，较 2015 年增加了 169 亿元。减灾救灾领域是社会捐赠投入较少的一个领域，2011—2019 年年均捐赠投入金额约为 60 亿元。人群服务，文化、艺术和体育，公共事业，科学研究与倡导等捐赠领域也是中国慈善基金网站记录在册的相对独立的捐赠领域，但仍存在每年接收的捐赠金额不稳定、部分年份无捐赠数据等情况。

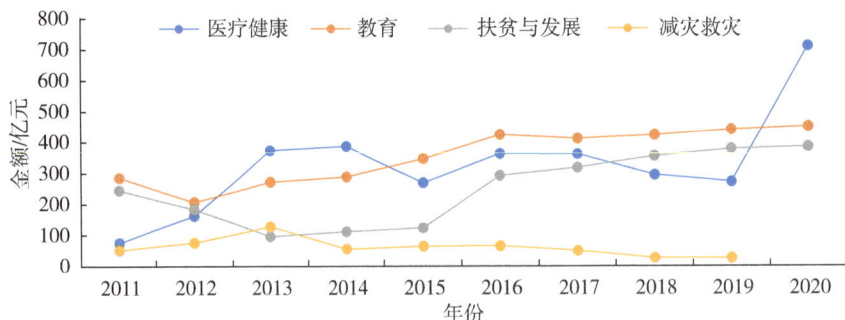

图 1-9　2011—2020 年社会捐赠投入最多的 4 个领域的金额与趋势

（资料来源：2011 年度中国慈善捐助报告核心数据发布稿和 2012—2020 年度中国慈善捐助 / 捐赠报告）

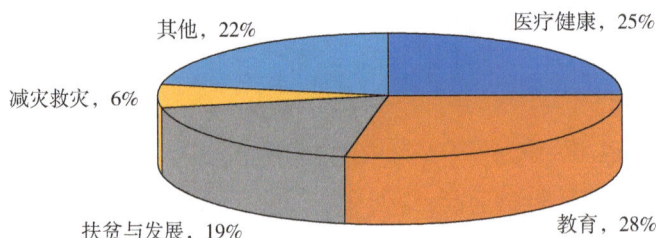

图 1-10　2011—2020 年社会捐赠投入最多的 4 个领域的平均金额占比

（资料来源：2011 年度中国慈善捐助报告核心数据发布稿和 2012—2020 年度中国慈善捐助 / 捐赠报告）

（三）我国社会捐赠的主要路径

我国社会捐赠逐步形成了"捐赠主体—中间机构—捐赠领域"的基本路径。我国社会捐赠以企业捐赠为主，由于企业家和企业的具体捐赠路径相似，所以在此将两者的捐赠路径统一，如图 1-11 所示。企业捐赠可分为 3 种模式：一是企业将捐赠全权委托给慈善组织，物资单向流动，捐赠信息层层反馈；二是企业与第三方组织合作，共同管理捐赠资金，企业和第三方组织作为一个主体，物资双向流动；三是企业建立基金会等组织，实施捐赠行为，物资单向流动。个人捐赠则体现为以公众个体捐赠的形式投入科学研究。企业捐赠和个人捐赠均通过中介机构进行，基金会较多地承担了中介机构的角色。企业既可以选择与第三方组织或慈善组织进行合作，也可以以企业自设基金会或部门的方式进行捐赠；个人则更多地通过基金会等社会组织或政府部门来参与捐赠。在此基础上，基金会等非营利慈善组织可以以捐赠项目或直接捐赠的形式将捐赠者的资金投入具体的意向领域。在项目设立的过程中，对于捐赠资金的管理和使用情况的规定应较为完善，包括立项、期中审计及结项审批 3 个阶段，以确保对捐赠资金的使用符合捐赠规定及捐赠者的意愿。

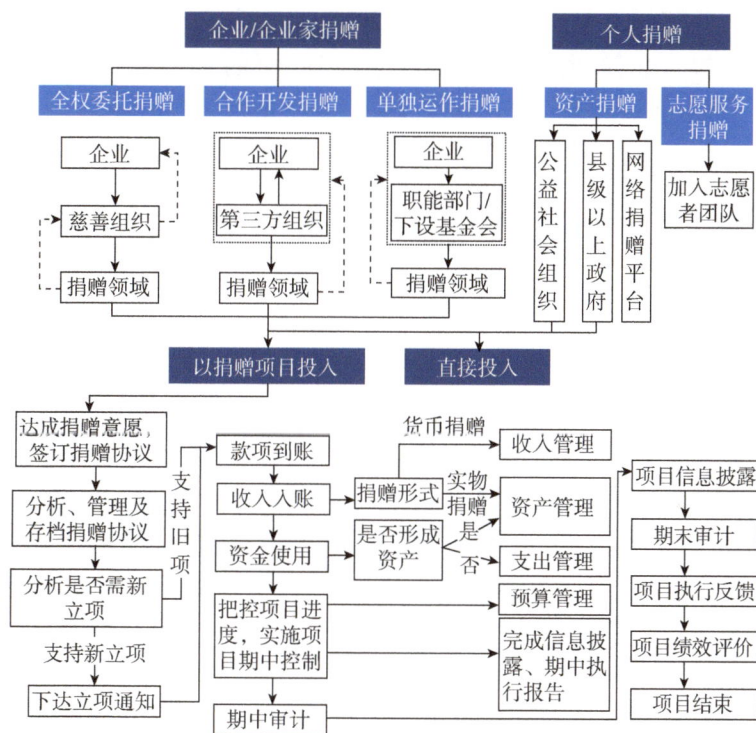

图 1-11　我国社会捐赠的主要路径

（资料来源：课题组根据相关资料绘制而成）

二、我国科学研究社会捐赠的投入格局

我国 R&D 经费主要来源于国家财政及企业。企业是投入比例最高的主体。2011—2020 年，企业 R&D 经费投入占全国 R&D 经费总投入的 76% 左右，国家财政占 21% 左右，其他资金占 3% 左右，社会捐赠的投入被归纳到"其他资金"中，没有具体的统计数据。在我国的社会捐赠中，科学研究的捐赠刚刚起步，捐赠比

例极低。自 2016 年起，我国才明确地把科学研究与倡导列入我国社会捐赠名录。2016—2019 年，科学研究与倡导的年均捐赠投入为 22 亿元，占慈善捐赠总额的 1.5%。可见，社会捐赠对于科学研究的投入贡献很低。

（一）科学研究社会捐赠的主要投入来源

1. 我国 R&D 经费投入总额及投入强度增长，但投入强度仍待提高

我国 R&D 经费投入总额及投入强度呈持续上升趋势。2011—2020 年，我国年均 R&D 经费投入总额为 14 962 亿元，由 2011 年的 8687 亿元增加到 2020 年的24 393 亿元，增加了 2 倍左右，如图 1-12 所示。此外，R&D 经费投入强度（R&D 经费与国内生产总值之比）由 2011 年的 1.8% 增加到 2020 年的 2.4%，呈现出波动上升的趋势。值得一提的是，R&D 经费投入总额取决于当年的 GDP 总额，随着 R&D 经费投入总额逐年增加，R&D 经费投入强度持续增长。

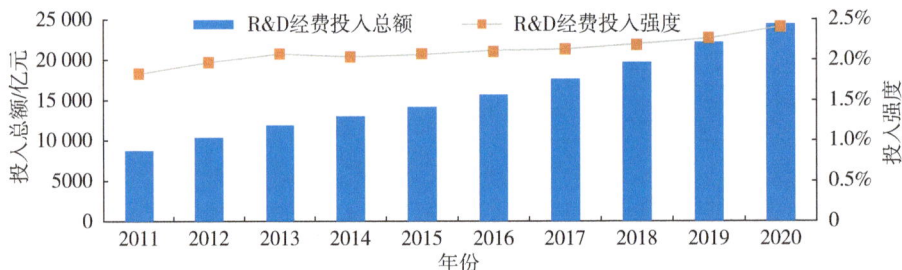

图 1-12　2011—2020 年全国 R&D 经费投入总额及投入强度

［资料来源：国家统计局社会科技和文化产业统计司等发布的《中国科技统计年鉴》中 2011—2020 年"按资金来源分研究与试验发展（R&D）经费内部支出"数据资料］

2. 科学研究投入的两大主体分别是企业和政府部门

企业是我国 R&D 经费投入最多的主体。2011—2020 年，企业年均 R&D 经费投入 11 954 亿元，占 R&D 经费投入总额的 76%，如图 1-13、图 1-14 所示。从企业投入的变化趋势来看，其年增加投入量较大，且呈现逐年增加的趋势。政府 R&D 经费投入波动较小，呈现出稳步增加的趋势。2011—2020 年，政府年均 R&D 经费投入 3223 亿元，占 R&D 经费投入总额的 21%，此外，其他主体年均 R&D 经费投入 482 亿元，占 3%；国外主体年均 R&D 经费投入 94 亿元。可以看出，各类主体的资金投入均呈现持续增加的趋势，来自社会力量的投入被归纳到"其他资金"中，

没有具体的统计数据。

图 1-13　2011—2020 年各主体 R&D 经费投入总额

［资料来源：国家统计局社会科技和文化产业统计司等发布的《中国科技统计年鉴》中 2011—2020 年
"按资金来源分研究与试验发展（R&D）经费内部支出"数据资料］

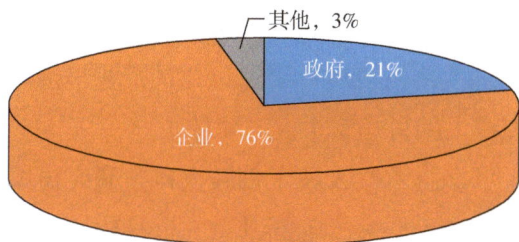

图 1-14　2011—2020 年各主体年均 R&D 经费投入占比

［资料来源：国家统计局社会科技和文化产业统计司发布的《中国科技统计年鉴》中 2011—2020 年
"按资金来源分研究与试验发展（R&D）经费内部支出"数据资料］

（二）科学研究社会捐赠的投入分析

我国社会捐赠中，针对科学研究领域的捐赠发起时间较晚，2016 年才把科学研究与倡导作为慈善捐赠名录的一个分支，且科学研究与倡导在我国各个捐赠领域中的捐赠比例最低，如图 1-15 所示。2016—2019 年，教育是捐赠投入最高的领域，4 年平均捐赠投入为 423 亿元，占比为 31%；医疗健康次之，平均捐赠投入为 340 亿元，占比为 25%；然后是扶贫与发展，平均捐赠投入为 323 亿元，占比为 23%。2016—2019 年，科学研究与倡导的平均捐赠投入为 22 亿元，占比为 1.5%，此比重是所有捐赠领域中占比最低的一项[①]。

---

① 资料来源：2016—2019 年度中国慈善捐助／捐赠报告。

图 1-15　2016—2019 年我国社会捐赠投入科学研究领域的金额及比例

（资料来源：2016—2019 年度中国慈善捐助 / 捐赠报告）

1. 基金会联合政府等机构投入科学研究

我国基金会是指利用自然人、法人或其他组织捐赠的财产，以从事公益事业为目的，按国家规定依法成立的非营利性法人。我国基金会作为社会力量投入科学研究的发展较晚，较多模式仍处在探索和起步阶段。目前主要有两种模式：一是基金会与政府等机构合作设立项目投入科学研究；二是行业学会（协会）等社会力量设置奖励，资助取得研究成果的科学家个人与团体。

基金会联合政府、社会资本投入技术创新类科学研究模式是基金会通过政府等部门牵头，与社会资本共同设立技术创新基金。这种模式以基金会为载体，按照市场化机制开展项目运作，建立基金池吸纳社会资本参与，采用公益性基金的资助方式支持前沿技术。

北京 2020 年成立颠覆性技术创新基金，加大对颠覆性技术创新的支持力度。该基金由北京市政府、科技部和中关村新曦颠覆性技术创新基金会共同组建，如图 1-16 所示。其中，中关村新曦颠覆性技术创新基金会是由中关村企业家以公益捐赠方式设立的非公募基金会，北京颠覆性技术创新基金的资金来源是科技部出资 20%，北京市科委出资 20%，中关村新曦颠覆性技术创新基金管理中心负责管理；基金的 60% 资金由中关村新曦颠覆性技术创新基金会负责组织社会捐赠。北京颠覆性技术创新基金首期规模为 1 亿元，未来 3~5 年募集资金规模预期将达到 10 亿元。作为公益性基金，其主要特点是无偿资助，注重长期效益和战略效益。该基金以生命科学和医疗器械，新材料和纳米技术，新能源和低碳技术，数据信息和互联网人工智能，深空、深海、深地极端条件科学 5 个技术领域为主要资助方向。

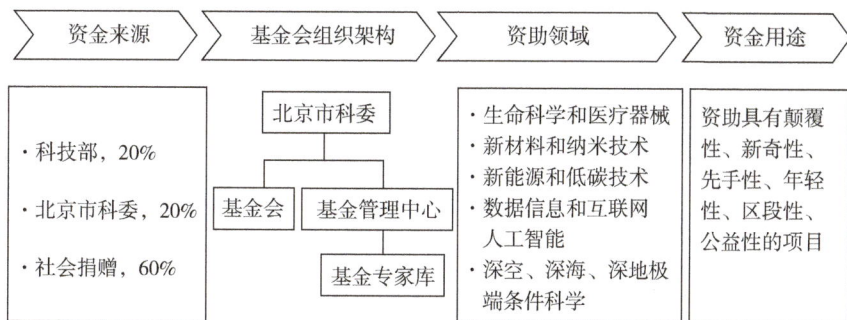

图 1-16　北京颠覆性技术创新基金的资金流向及组织架构

（资料来源：课题组根据北京颠覆性技术创新基金官网信息绘制而成）

基金会联合政府、社会资本投入技术创新类科研领域，是多方力量共同协作推动前沿科学研究突破的有力尝试。其中，政府部门的公信力是开设相关基金、吸纳社会力量捐赠投入的重要保障。基金会的运作模式意味着资金能够投入需要长期投入研究的探索性领域，以项目形式组织科学家参与，能够发挥出不同专业人才的能力。

2. 行业学会（协会）以奖励资助杰出科学家或团队

行业领域的学会或协会是指各行业中为该行业或学科的研究发展所组成的学术团体或学术组织。社会力量设立科学技术奖是指社会组织或个人利用非国家财政性经费，在中华人民共和国境内设立，奖励为促进科技进步做出突出贡献的个人或组织的科学技术奖。这种形式是社会力量以捐赠形式投入科学研究的多种形式中发展历程最长、存在最广泛、最不受限制的模式，主要是对已经取得科技成就、做出杰出贡献的科学家或创新团队进行奖励。

2001—2019 年有 297 项科学研究奖励在我国国家科学技术奖励工作办公室备案，如图 1-17 所示。其中，行业领域的学会和协会设置的奖励是最多的，分别是112 个与 79 个，这些非营利的学术学会与协会是推动我国相关领域发展的重要力量。此外，33 家基金会设置了 30 个奖项，基金会包括孙越崎科技教育基金会、周培源基金会、陈嘉庚科学奖基金会等专注教育科研领域的基金会，这说明在我国的 9000家左右基金会中，仅有约 0.3% 的基金会设置了科学技术奖励。同时，62 家企业设置了 30 个奖项，其中国家电网有限公司等国有企业占比超过 85%。另外，也有部分基金会和学会共同合作设置科学技术奖励。

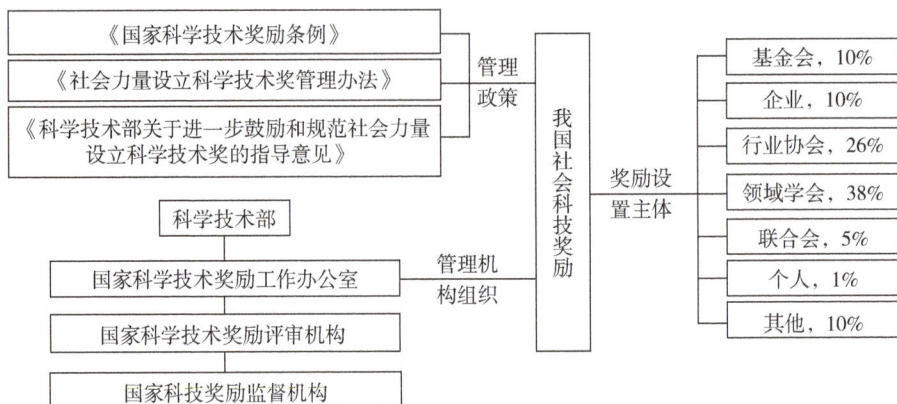

图 1-17 我国社会科技奖励的组织模式及奖励来源主体

（资料来源：课题组根据国家科学技术奖励工作办公室官网数据绘制而成）

华罗庚数学奖等科学奖励模式是行业学会（协会）奖励取得科技成就、做出杰出贡献科研人员的比较典型的例子。华罗庚数学奖是通过授予其社会性奖励和荣誉，鼓励其继续开展科学研究，至今已经有超过 30 年的历史。华罗庚数学奖由湖南教育出版社捐资，与中国数学会于 1991 年创立。该奖项为缅怀华罗庚先生，激励中国数学家在发展中国数学事业中做出突出贡献，促进中国数学发展而设立。华罗庚数学奖是目前国内数学界的最高奖，对于数学家而言是非常崇高的荣誉。该奖项每两年评选一次，奖励范围为在数学领域做出杰出学术成就的中国数学家，获奖人年龄为 50~70 岁。截至 2018 年，华罗庚数学奖共评选了 13 届，共有 25 人获得该奖项。

行业学会通过基金会奖励科研成果的行为既是对科学工作者的认可，也是激励其他科学工作者继续突破创新的方式。我国逐步加大对原始创新和基础研究的投入、对科学家科研的投入，能够激励基础性、前沿性科学研究的产出。

三、我国科学研究社会捐赠的问题

我国科学研究社会捐赠存在三方面的问题。一是我国科研捐赠规模较小且渠道单一。科学研究社会捐赠投入时间较短且投入力度较小，缺少专注于科研捐赠的专项基金会，无法满足科研捐赠的需求。二是我国当前针对社会捐赠的税收优惠激励政策难以有效在科研捐赠领域发挥效用。我国缺乏科研捐赠的专项优惠举措，在涉及科研捐赠的税收优惠方面，存在着税前扣除优惠规定不利于激励大额捐赠、实物捐赠难以认证、税收优惠的申报环节困难等政策在完备性与执行性方面不足的问题。三是我国社会力量投入科学研究的意识和协调性较弱，存在我国政策的引导性较弱、社会民众对科研捐赠的关注度较低，以及企业捐赠缺乏计划性和组织性等问题，如图 1-18 所示。

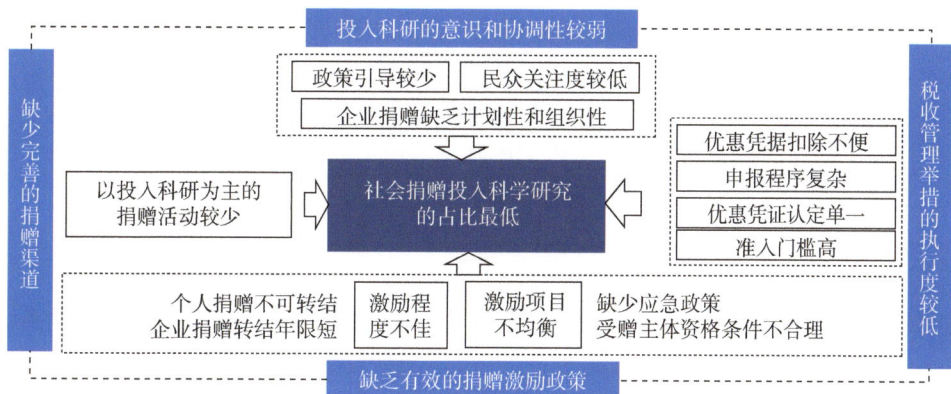

图 1-18　我国科学研究社会捐赠存在的问题

（资料来源：课题组根据后文相关文本内容绘制而成）

（一）我国科研捐赠规模较小且渠道单一

我国科研专项基金会的发展较慢且规模较小。基金会是非营利组织中主要的组织形式，是接收、使用捐赠物资的重要机构。基金会的捐赠领域虽广泛，但缺少专注于科学研究的专项基金，现有的基金会无法满足科研捐赠接收和使用的管理需求。截至 2021 年，我国共有 8866 家基金会，涉及教育、扶贫助困、医疗救援、安全救援等多个领域。其中，教育领域的基金会数量最多，达 4110 家，约占基金会总数的 46%，扶贫助困领域的基金会占比约为 34%。而捐赠投入领域中涉及科学研究的基金会共 508 家，仅占基金会全数的 5% 左右[1]，其中超过一半的基金会是各大学的教育基金会，如清华大学教育基金会。这类基金会将较多的资金用于人才培养与校园建设，投入科学研究的资金依旧十分有限。另外，我国社会捐赠是以"捐赠主体—

---

[1]　基金会中心网全国各省基金会概况 (2021)[EB/OL]. [2022-12-03].https://www.foundationcenter.org.cn/report/content?cid=20220517132924.

中间机构—捐赠领域"为主的捐赠路径，捐赠形式比较单一，没有形成多渠道捐赠路径。

（二）缺乏有效激励科研捐赠的政策

我国对企业和个人科研捐赠的激励政策难以激发捐赠主体的积极性，主要包括4个问题：一是我国缺少对科研捐赠的专项优惠举措；二是我国的税收优惠政策中针对大额捐赠的优惠力度较小、转结年限较短，限制了企业和个人的大额捐赠；三是我国的税收优惠政策中仅针对现金捐赠的政策比较完善，非现金捐赠的优惠条目不清；四是我国税收优惠在管理举措上的执行性较低。

1. 科研捐赠的专项优惠举措难以激励大额捐赠行为

我国针对科研捐赠的税收优惠存在内容不明确的问题。我国对"研发活动"税收优惠的定义过于模糊，导致现行的部分科技创新税收优惠政策存在相互冲突的情况，影响了税收政策激励的效果。例如，作为税基减免式优惠的研发费用税收加计扣除同税率优惠之间存在冲突，这对同时享受优惠税率的企业而言，其从研发费用加计扣除政策中所获得的税收优惠就减少了，这会降低科研捐赠税收优惠政策的激励效果。许多国家会设有专门针对科研捐赠的优惠措施。例如，美国税收改革法案规定：企业对公益性事业的捐赠扣除不能超过企业年利润的10%，但如果是捐赠给高校或符合规定的研究机构，用于物理、生物和应用科学的教育、研究和科学实验时可超限额。

2. 税前扣除利润额较少规定不能充分激励大额捐赠

我国的社会捐赠税收优惠和转结规定在一定程度上抑制了捐赠主体的超额比例捐赠。

企业捐赠方面，我国企业税前扣除的捐赠支出不超过年度利润总额的12%，超过年度利润总额12%的部分，准予结转以后3年内在计算应纳税所得额时扣除，如表1-1所示。美国《国内收入法典》规定，在企业与个人对公益性事业的捐赠中，超出比例的捐赠可以向后转结，在不超过5个纳税年度内予以扣除，而且进行税前扣除时，转结的捐赠扣除会优先于当年的捐赠扣除。即使企业在当年产生亏损，也可以用以前纳税年度的所得额进行税前扣除。我国企业可以享受捐赠税收优惠的前提是在当年有利可纳税，如果企业在当年的经营状况是亏损的，那么依据规定[①]则无法享受捐赠的税收优惠政策，这将严重影响企业捐赠的积极性。

个人捐赠方面，以个人名义进行慈善捐赠可享受应纳税所得额税前扣除的优惠政策。我国个人一般捐赠的扣除比例是30%，超过部分无法延期转结。而美国个人捐赠可以享受税收优惠的部分最高可达当年税前收入的50%，且超出部分允许向后转结5年扣除，这使捐赠者能充分享受捐赠行为带来的税收补偿，能尽可能地维护捐赠者利益，降低其机会成本，引导其长期稳定地进行捐赠。此外，在我国现行的累进税制下，由于收入越高其缴税额度越高，若实行税收抵免，则当抵免额相同时，低收入纳税人会得到更高比例的减税，这打击了高收入者捐赠的积极性，不利于捐赠公平。

表1-1 不同国家的企业和个人社会捐赠免税的金额及转结年限

类别	中国	美国	法国	备注
企业捐赠可税前扣除的金额不超过营业额的比重	12%	10%	0.5%	捐赠可税前扣除的比重越高，越能激励社会捐赠；年限越长，越有利于推动社会捐赠
企业超额的可转结年限	3年	5年	5年	
个人捐赠可税前扣除的金额不超过个税的比重	30%	50%	20%	
个人超额的可转结年限	不可转结	5年	5年	

资料来源：课题组根据各国企业所得税法与个人所得税法、美国《国内收入法典》等资料整理而成。

（1）税收激励政策的优惠范围、税种类型、应急保障等方面完备性不足

捐赠的税收优惠政策能够让企业在开展公益慈善活动时获得较多的税收优惠，以税收支出的方式降低企业的捐赠成本，增强了企业的公益慈善活动意愿。但是当前我国与捐赠相关的税收优惠政策在应对实际问题时还存在一些不足，主要包括税收优惠包含的范围不全面、优惠税种设置的有效性不足、税收政策的应急性不足3个方面。

[①] 属于纳税人纳税申报当期的应纳税所得扣除不完的捐赠余额部分，不得转结到其他应纳税所得项目及应纳税申报期的应纳税所得额中扣除，也不允许将其当期捐赠在以前的纳税申报期的应纳税所得中追溯扣除。

　　一是税收优惠包含的范围不全面，主要体现在我国的税收优惠主要针对现金捐赠，实物捐赠等形式难以享受优惠。从捐赠形式来看，现行可享受企业所得税税前扣除的多限于现金捐赠，这在一定程度上违背了制定税收优惠政策时应该遵循的公平原则，对其他捐赠方式不公平，不利于合理有效地引导企业的捐赠行为，同时也会削弱税收政策在应对危急情况时的效果。目前，我国捐赠的形式还是以现金捐赠为主。表面上看，税收优惠政策是与这一情况相匹配的，但反过来看，也可能是税收优惠的这一规定引导了捐赠主体对捐赠方式的选择，而不是捐赠主体不受影响地自愿选择了捐赠现金。但不可否认的是，与实物捐赠相比，现金捐赠的方式更加便利，运输成本和评估成本低，也减少了增值税等税收负担，对于慈善公益事业的长期发展而言更合适。虽然在流通价值方面，现金与实物均是具备流通性的，但在流通速度上现金更占据优势。但这并不能成为政策忽视实物捐赠税收优惠的理由，一方面，很多企业短时间内资产多但现金较少，仅现金捐赠享受优惠不利于充分调动其社会捐赠的积极性；另一方面，在很多情况下，短期内实物捐赠带来的效用会比现金捐赠大，如对于贫困山区人民的捐赠，在设施和交通匮乏的条件下，即使给予他们大量的现金，也未必能够解决他们的问题，而如果是赠予生活必需品、书籍等实物，则更符合他们当下的需求。在一些情况下，实物捐赠的使用价值和解决效用更大，且从捐赠扣除的可行性来看，实物捐赠的扣除也是合理的。例如，美国对于个人的社会捐赠规定，现金捐赠可按调整后所得的 50% 扣除，非现金捐赠按调整后所得的 30% 扣除；以私人基金会为对象的捐赠，个人捐赠按调整后所得的 20% 扣除。

　　二是优惠税种设置的有效性不足。我国参与社会捐赠税收优惠的税种与其他国家存在较大的区别，其中最大的区别体现在遗产税的税种设置上。美国等发达国家的社会捐赠税收优惠政策所涉及的税种包括所得税和遗产税等，甚至包括增值税，遗产税及相关税种的设置、高额的纳税比例及社会捐赠的免税政策等多方面因素的组合，能够促使富人群体投入社会捐赠。例如，美国联邦遗产税法规定，2022 年的遗产税起征点是 1206 万美元，税率为 18% ～ 40%，而捐赠给教育科研机构的遗产可以不受限制地对遗产税进行抵免。因此，该遗产税法的设置能够有效刺激美国科研捐赠事业的发展。我国暂时没有对遗产税进行征收，更没有对遗产税捐赠领域的方向性进行引导，降低了遗产继承的成本，对富人阶级进行科研捐赠没有起到有效的促进作用。

　　三是税收政策的应急性不足，主要体现在捐赠接收对象资格条件不合理、缺少应急政策的法律保障两方面。首先，在《中华人民共和国企业所得税法》（简称《企业所得税法》）中，无论是一般性还是特殊情况的捐赠税收优惠政策，都有一个共同点，即税前扣除必须满足的条件是通过公益性社会组织或县级（含县级）以上人民政府及其组成部门和直属机构发生的捐赠支出，且一般政府部门接受捐赠仅限于外国捐赠及赈灾捐赠。按照我国相关法律中的规定，虽然不需要申请，但一个合格的公益性社会组织需要经过民政部、国家税务总局和财政部的联合批准，审核条件不仅涉及资金用途，还包括资产规模和评估等级。在如此复杂严苛的条件下，国家税务总局公布的 2018 年度满足捐赠税前扣除的公益性社会团体的数量为 175 个，相比我国几十万的社会组织总量，可以看出符合受赠扣除资格的公益性社会组织寥寥无几。其次，应急政策立法层级低。我国在法律层面上缺少对特殊情况的提前考虑及对应急政策的法律保障，从而无法有效指导具体的捐赠行为。当下，我国《企业所得税法》中明确规定的税前扣除的优惠政策仅仅是一般情况的捐赠，在重大突发性灾害发生时没有相关法律可以给予应急政策保障，都是在重大情况发生后颁布临时性公告文件，这会使得税收政策缺乏应急性和稳定性，不利于在第一时间发挥税收优惠的引导和激励作用。

　　（2）税收管理举措的执行性较低

　　我国当前针对税收优惠及免税资格申报、认定等流程管理方面的执行度较低，主要体现在 3 个方面。一是税收优惠的申报资格认定方式单一。个人捐赠必须通过我国境内非营利性的社会团体、国家机关，个人直接给对方的捐赠不享受减免个税的政策。企业和个人通过社会团体、国家机关向灾区捐款时向其索取合法的捐赠票据，才能享受在税前扣除的税收优惠政策。各企事业单位发动的募捐，由单位统一将款项移交慈善组织，慈善组织按捐赠总额开具捐赠票据，单位将员工每一个人捐赠的数额列出明细清单备查，财务部门就可以在扣缴个人所得税前按税法规定的额度为员工个人进行扣除。个人自行向相关社会团体捐赠，可保存捐赠机构开出的捐赠票据，交回其单位，由单位办理个税扣除。尽管我国统一的税收扣除标准和捐赠方式限制能够提高税务管理效率，但难以协同调动不同收入水平人群的捐赠积极性。

　　二是非营利组织的免税资格不明确。捐赠优惠适用的科技类非营利组织范围过窄，且捐赠对象非营利组织的免税资格与公益性捐赠税前扣除资格不统一。根据《关于公益性捐赠支出企业所得税税前结转扣除有关政策的通知》与《关于非营利组织免税资格认定管理有关问题的通知》，接受捐赠的非营利组织只有是人民政府直属机构或通过民政部门审核的公益性社会团体和基金会，才能申请公益性捐赠税前扣除资格，从而其捐赠者（个人和企业）才能获得公益性税前扣除优惠。因此，科研类事业单位和社会服务组织（民办非企业单位）性质的科技类非营利组织并不一定在公益性捐赠税前扣除资格范围内；其他形式的科技类非营利组织则面临免税资格与公益性捐赠税前扣除资格"两步"界定、申请程序烦琐且成本高的问题。而在美国等发达国家则将两种资格予以统一，即非营利组织只要取得免税资格，其捐赠者就可以享受税前扣除等优惠。

（三）公众参与科研捐赠的积极性不高

我国社会力量投入科研捐赠存在意识不足及公众关切度不高等问题。社会捐赠投入的领域反映了社会公众的关切重点，其中教育与医疗一直是我国社会捐赠投入最大的两个领域。2011—2020 年，这两个领域的捐赠占我国社会捐赠总投入的 40%以上[1]。随着 2015 年国家提出全面脱贫攻坚战略，扶贫领域在社会捐赠总投入中的比重由 10% 左右迅速提高到 20% 左右，并在之后几年一直维持着这一比例。就社会捐赠投入科学研究的意愿而言，我国公众和企业对科学研究的捐赠意愿较弱。目前我国虽存在部分基金会与企业开设专项捐赠计划支持个体科学家或设置科学研究奖励以推动科研发展，但此类专项计划的捐赠对象范围较小且捐赠项目较少。当前我国正处在加强原始创新、突破"卡脖子"技术的关键时期，需要提高民众的科研捐赠意识，增加科研捐赠的投入比例。

---

[1] 资料来源：2011—2020 年度中国慈善捐助/捐赠报告。

第二章 我国企业投入科学研究社会捐赠能力分析

一、我国企业科研捐赠的总体投入格局

我国的企业科研捐赠包括企业直接捐赠给非营利性社会组织，以及企业设立非公募基金会，通过企业基金会实施捐赠行为。本研究结合企业的直接捐赠与企业基金会的捐赠，对我国企业科研捐赠能力进行总体分析。

（一）我国企业的总体捐赠情况

1. 我国企业捐赠规模呈现波动增长趋势，捐赠金额占其净利润的比例较低

从企业的总体捐赠金额来看，2015—2020年企业捐赠的总金额呈波动上升趋势，年平均捐赠额达到900亿元以上，如图2-1所示。企业捐赠金额在2020年创造了历史新高，总捐赠额达到1084亿元。从企业捐赠金额的增长率来看，在2018年前，企业每年的捐赠金额在增加，但捐赠金额的增长率呈现下降趋势，并在2018年出现了大幅下降，导致出现了负增长；但在2018年后，实现了持续性的稳定增长趋势。

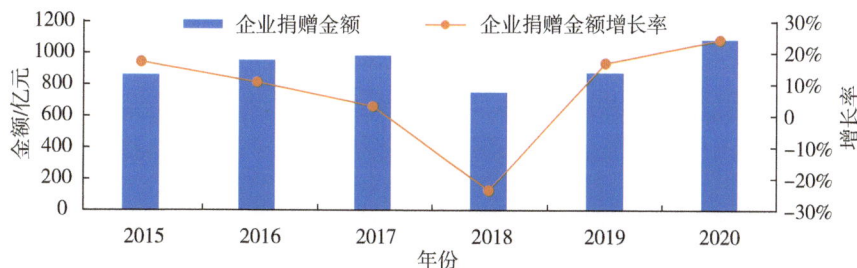

图2-1 2015—2020年企业捐赠的金额和增长率

（资料来源：年度《中国慈善捐赠报告》测算值汇总）

企业的捐赠金额占其净利润的比例较低。2020 年，沪深 300 家上市公司中共有 285 家进行了社会捐赠，其中捐赠金额占其净利润的比例在 3% 以上的公司有 8 家（占 2.7%），此比例在 1%~3% 的公司有 33 家（占 11%），此比例低于 1% 的公司有 234 家（占 78%）。值得一提的是，在 285 家企业中有 10 家企业在净利润亏损的情况下仍然进行社会捐赠，如图 2-2 所示。

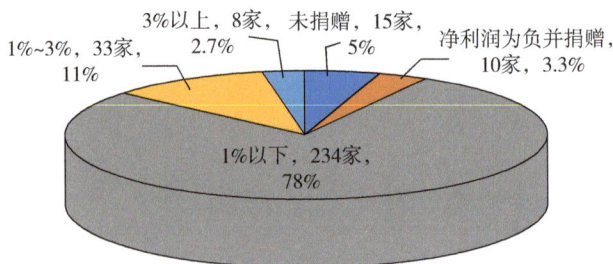

图 2-2　2020 年企业捐赠金额在净利润中的占比

（资料来源：商道融绿沪深 300 ESG 评级数据）

2. 民营企业是我国企业捐赠最重要的投入主体

从 2013—2018 年的数据对比来看，民营企业和国有企业是企业捐赠的主要力量。2015—2018 年，二者的捐赠金额之和占到了企业总体捐赠金额的 80% 以上（含 80%），如图 2-3 所示。其中，在 2013—2018 年的 6 年间，民营企业的年均捐赠占比为 50%，国有企业的年均捐赠占比为 26%，外资（合资）企业的年均捐赠占比为 21%，港澳台及侨资企业的年均捐赠占比为 3%。

民营企业捐赠占比总体呈现波动发展趋势，2017 年，其捐赠金额占企业总体捐赠金额的比例达到最高，为 56%，2014 年最低，为 40%。国有企业捐赠占比在 2013—2015 年有大幅提升，从 6% 增长到 33%，并在 2016 年达到最高，为 37%。外资（合资）企业比较特殊，其捐赠金额占企业总体捐赠金额的比例逐年降低，从 2013 年最高的 42% 降低到 2018 年的 9%。港澳台及侨资企业捐赠占比则一直处于较低比例，但从 2015 年开始呈现逐年上升的趋势，到 2018 年达到 6%。

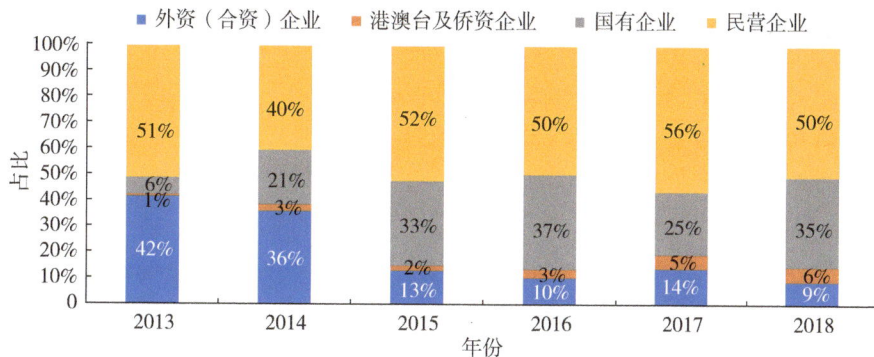

图 2-3　2013—2018 年企业捐赠占比情况

（资料来源：2018—2019 年度《中国慈善捐赠报告》）

3. 房地产业、制造业、金融业等行业为社会捐赠做出卓越贡献

2015—2020 年，18 个行业对社会捐赠做出积极贡献，尤其是房地产业、制造业、金融业等行业在捐赠金额和企业参与数量等方面有较高的占比。从累计捐赠金额看，2015—2020 年，18 个行业的前三名分别为房地产业、制造业和金融业。其中，房地产业领先于各行业，投入规模达到 205 亿元，占各行业捐赠总额的 34%；排名第二的是制造业，捐赠金额为 140 亿元，占各行业捐赠总额的 23%；排名第三的是金融业，捐赠金额为 76 亿元，占各行业捐赠总额的 12%。可见，房地产业、制造业和金融业 3 个行业投入社会捐赠的力度较大，3 个行业捐赠金额占各行业捐赠总额的近 70%，如图 2-4 所示。其后，捐赠总额排名依次为信息传输、软件和信息技术服务业，批发和零售业，电力、热力、燃气及水生产和供应业，采矿业，租赁和商务服务业，建筑业，交通运输、仓储和邮政业，科学研究和技术服务业，农、林、牧、渔业，教育，居民服务、修理和其他服务业，住宿和餐饮业等行业。

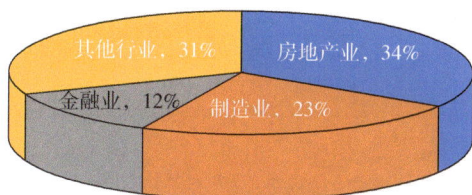

图 2-4　2015—2020 年各行业捐赠总额占比

（资料来源：《2020 年中国企业慈善发展报告》）

　　从参与社会捐献企业数量看，2015—2020 年，18 个行业共有 2836 家上市企业参与社会捐献[①]，18 个行业中企业分布数量差异性较大，如图 2-5 所示。捐赠企业数量前 5 名集中在制造业，批发和零售业，信息传输、软件和信息技术服务业，科学研究和技术服务业，房地产业等行业。其中，制造业企业数量最多，达到 1445 家，占总体参与社会捐赠中国上市企业总数的 51%；排名第二的是批发和零售业，有 231 家，占比为 8%；排名第三的为信息传输、软件和信息技术服务业，有 190 家，占比为 7%。可见，3 个行业参与社会捐赠企业数量占总数的 66%，超过总数的一半。值得一提的是，科学研究和技术服务业积极参与社会捐赠，排名第四，其企业数量为 181 家。

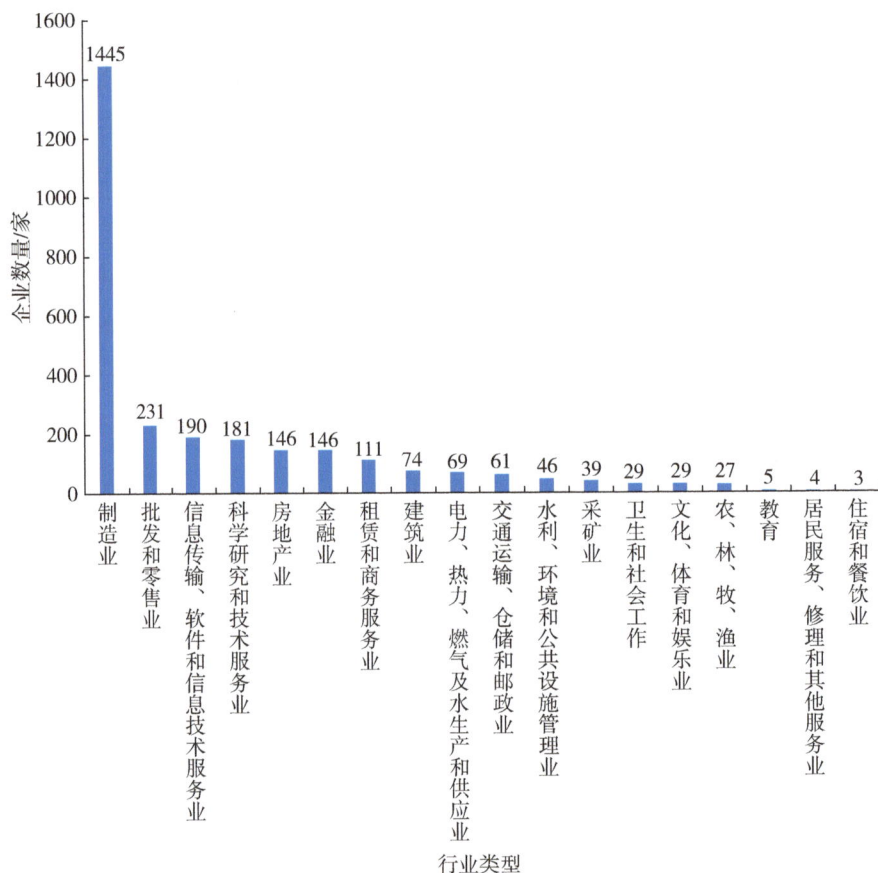

图 2-5　2015—2020 年参与社会捐赠的行业类型及其企业数量分布

（资料来源：《2020 年中国企业慈善发展报告》）

---

① 资料来源：《2020 年中国企业慈善发展报告》。

综上所述，房地产业，制造业，金融业，信息传输、软件和信息技术服务业，批发和零售业 5 个行业，无论是社会捐赠总额还是参与企业数量，都遥遥领先于其他行业，为社会捐赠做出卓越贡献。

4. 企业捐赠领域主要集中在扶贫济困、教育和医疗卫生等领域

从企业捐赠投入领域的分布来看，捐赠资金主要集中在扶贫济困、教育和医疗卫生领域。2015—2020 年，我国上市企业捐赠领域涉及广泛，主要包含扶贫济困、教育、医疗卫生、文化艺术、生态环境、志愿服务、灾害救助和体育等 8 个领域，且各领域的捐赠金额差异较大。在这 6 年间，我国上市企业捐赠总额的 36.6% 投入扶贫济困领域，26.8% 投入教育领域，24.9% 投入医疗卫生领域，三者占比超过 88%。

其他领域的捐赠金额与这 3 个领域差别较大，文化艺术、生态环境、志愿服务、灾害救助和体育领域在这 6 年的捐赠金额占企业捐赠总额的比例分别为 4.2%、2.9%、1.1%、0.6%、0.5%，如图 2-6 所示。科研捐赠被归纳到"其他"中，没有企业捐赠的具体相关数据。

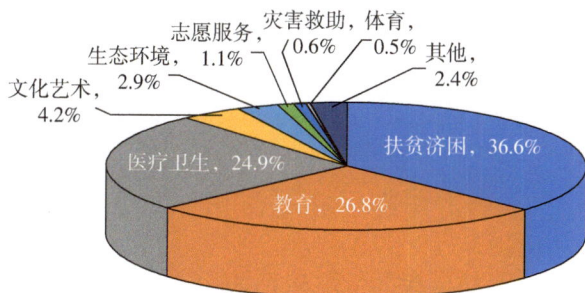

图 2-6　2015—2020 年企业捐赠投入领域的年均占比分布

（资料来源：易善数据。截止时间：2021 年 3 月 1 日）

5. 广东、北京和上海地区的企业是我国企业捐赠的主要力量

从企业的累计捐赠金额看，排前 3 名的地区分别是广东、北京和上海。2021 年，这 3 个地区的企业捐赠金额占全国企业捐赠总额的 62%，如图 2-7 所示。从累计捐赠金额看，广东的企业累计捐赠金额最高，达 61 亿元，北京排名第二，高达 60 亿元，上海的企业累计捐赠金额与广东、北京差距较大，为 19 亿元，如表 2-1 所示。从上榜企业数量看，北京最高，达 220 家，广东、北京和上海 3 个地区的上榜企业

数量合计达到了 550 家，约占全国上榜企业总数（1108 家）的一半。由此可见，我国发达地区的企业捐赠总体实力较强。

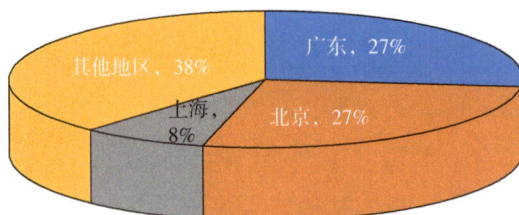

图 2-7　2021 年中国慈善榜发布的各地区捐赠金额占比

[资料来源：第十八届（2021）中国慈善榜]

表 2-1　2021 年中国慈善榜上榜企业地域前 3 名

地区	捐赠金额排名	上榜企业数量 / 家	累计捐赠金额 / 亿元	企业平均捐赠金额 / 万元
广东	1	165	61	＞ 3600
北京	2	220	60	＞ 2700
上海	3	165	19	＞ 1100
合计		550	140	＞ 2500

资料来源：第十八届 (2021) 中国慈善榜。

（二）我国企业基金会的捐赠情况

截至 2020 年底，我国基金会数量已达到 8565 家，其中企业基金会数量已达到 1709 家，占全部基金会数量的 20% 左右。企业基金会是指发起人为单一企业且主要依赖该企业捐赠运作的基金会，作为企业履行社会责任、开展企业慈善活动的重要主体。企业基金会的发展情况在一定程度上可以反映企业捐赠的现状，与其他类型的基金会相比，企业基金会可以利用企业平台，发挥自身独特的优势。企业可以将其商业化特征优势整合于企业基金会运作中，最大限度地整合企业周边资源，进行社会捐赠。近年来，我国越来越多的民营企业设立了企业基金会以更好地开展慈善捐赠行为。本研究主要从企业基金会规模和企业基金会捐赠领域两个方面来分析企业基金会的捐赠情况。

从企业基金会规模来看，2015—2020 年，我国企业基金会的数量一直呈现逐年增加的趋势，如图 2-8 所示。

图 2-8　2015—2020 年企业基金会数量的变化

［资料来源：《2020 年中国企业基金会发展报告》、基金会中心网（数据统计截止时间为 2020 年 12 月 31 日）］

　　从企业基金会捐赠领域来看，教育和扶贫济困是其捐赠投入的主要领域。以 2019 年为例，企业基金会捐赠较多的领域依次是扶贫济困、教育和医疗救助，有 62% 的企业基金会开展了扶贫济困项目，有 61% 的企业基金会开展了教育捐赠，有 24% 的企业基金会开展了医疗救助捐赠（图 2-9），其中后两者中也包含了大量教育扶贫、医疗扶贫的项目，这主要是因为 2019 年是脱贫攻坚的关键年和决胜年，这说明企业基金会是企业捐赠助力脱贫攻坚的重要途径。同时，有 9% 的企业基金会开展了科学研究捐赠。

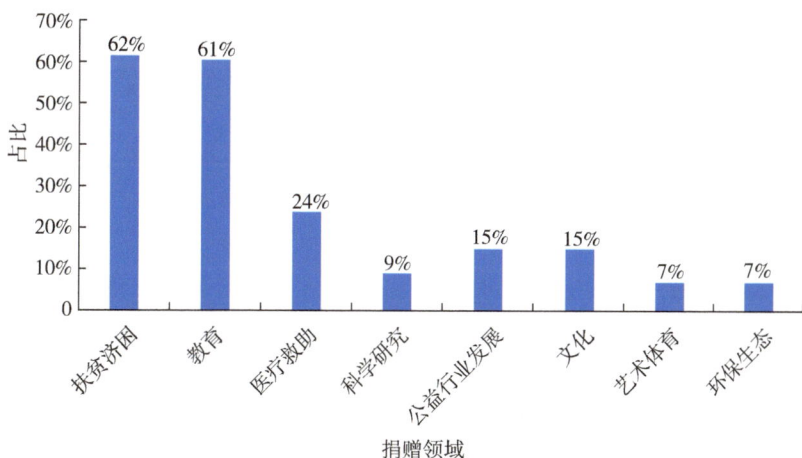

图 2-9　2019 年企业基金会的捐赠领域占比

（资料来源：基金会中心网，数据统计截止时间为 2020 年 12 月 31 日）

（三）我国企业家社会捐赠的数据分析

2022 年胡润慈善榜共有 49 位"中国最慷慨慈善家"上榜，合计捐赠 728 亿元。企业家的慈善捐赠总额呈现出增长趋势。从 2018—2022 年的捐赠情况来看，2018 年排前 10 名的企业家的平均捐赠金额为 16 亿元，2022 年的平均捐赠金额为 63 亿元，捐赠金额大幅增加。此外，2021 年企业家首善的捐赠金额达 120 亿元，2022 年共有 4 位企业家的捐赠金额超 100 亿元。可以看出，我国近年来大额捐赠的企业家数量在增加，且个人的捐赠金额也在增加。值得注意的是，多数企业家同时出现在企业家财富榜与企业家捐赠榜中，如马云、马化腾、黄峥、王兴、曾毓群、徐航、何亨健家族、秦英林家族等，其中 2021 年黄峥个人捐赠的金额更是达到了自己财富的 5.6%。说明随着我国企业家个人财富的累积，其捐赠能力也在随之加强。这些企业家以社会捐赠形式为抗击疫情、赈灾、教育振兴等领域贡献力量。

同时，近年来企业家也开始关注科研捐赠。2022 年，王兴将 5700 多万股股票转入自己的王兴基金会，专门用于推动教育和科研等公益事业；2021 年，徐航向世界顶尖科学家发展基金会捐赠 10 亿元，用于支持基础科学研究及扶持青年科学家成长项目；等等。可以看出，企业家们不但捐赠的能力在加强，而且对于科学研究方面的捐赠意识也在逐年提高。

二、我国企业科研捐赠的瓶颈问题

企业投入社会捐赠是其承担社会责任的重要方式之一。目前，我国企业科研捐赠依然存在一些瓶颈问题，主要表现为企业科研捐赠缺乏长远规划和有效管理与国有企业的示范作用有待提升两个方面。

（一）企业科研捐赠缺乏长远规划和有效管理

企业的科研捐赠缺乏计划性和组织性。目前，我国企业科研捐赠主要受到政府号召、媒体动员、社会劝募和社区申请等外部因素驱动，缺乏计划性与主动性。大部分企业都没有根据自身的组织结构和经营特点形成完善的企业慈善战略和捐赠计划，同时缺乏对其科研捐赠能力、捐赠方式、捐赠领域等方面的统筹规划，也未能将企业的社会责任与科研捐赠需求进行较好的匹配，造成企业捐赠行为的不可持续及捐赠额度的不均衡性。另外，企业缺乏对科研捐赠的组织与管理。一些经营状况良好、规模较大的企业已经设立了专门的公益事业部门，如腾讯公益慈善基金会、北京字节跳动公益基金会等，负责企业捐赠项目的管理和运转。但很多企业没有设立诸如"社会责任部""公共关系部"等部门，缺乏对科研捐赠的规范化管理和有效组织，导致企业科研捐赠效率低下，效果不佳。

（二）国有企业的示范作用有待提升

从参与捐赠的企业性质来看，民营企业成为慈善捐赠的主要力量，国有企业的捐赠示范作用有待提升。第十八届（2021）中国慈善榜显示，超过700家民营企业的捐赠总额超过155亿元，平均捐赠金额超过2200万元。反观国有企业的表现，入榜数量只有不到200家，捐赠总额也仅约55亿元，不过平均捐赠金额超过2700万元，如表2-2所示。据国有企业中国石油天然气集团有限公司、国家电网有限公司、中国人寿保险股份有限公司、中国电信集团有限公司提供的数据分析，其慈善事业捐款均不到全年利润的1%。而根据胡润慈善榜的统计，同期100位国内民间慈善家的慈善捐款能够占到其财富总量的1.25%。总体来说，国有企业的表现仍有很大的提升空间，不仅是参与捐赠的企业数量较少、金额较少，而且捐赠的方式单一。如果国有企业长期对慈善责任问题重视程度不足，会给企业慈善带来负面影响，提升国有企业的捐赠水平任重道远。

表 2-2　2021 年中国慈善榜上榜企业类型分析

企业类型	上榜企业数量 / 家	捐赠总额 / 亿元	平均捐赠金额 / 万元
民营企业	＞700	约 155	约 2200
国有企业	＜200	约 55	约 2700

资料来源：第十八届（2021）中国慈善榜。

三、我国企业科研捐赠的路径与渠道

目前，我国企业科研捐赠的路径与渠道主要有 3 种形式，即合作投入科研机构与项目、设立科学奖项资助科学家及企业家个人对母校的科研捐赠。

（一）合作投入科研机构与项目

我国企业与高校或科研机构合作，通过参与开设研究机构或开展科研项目的形式投入科学研究。万科与清华大学合作开设的清华大学万科公共卫生与健康学院及阿里巴巴集团与中国农业科学院合作的"智慧育种"项目为典型案例。

清华大学万科公共卫生与健康学院是企业和一流大学合作开设研究机构的典型案例。2020年，王石向清华大学捐赠2亿股万科股票，用以开设清华大学万科公共卫生与健康学院，如图2-10所示。学院面向社会需要及学科前沿，聚焦公共卫生安全、大健康、健康大数据、公共健康政策与管理4个核心方向，履行科学研究、人才培养、社会服务的职能。学院以高层次研究生培养为主，兼顾学术型与专业型人才的培养。这笔资金来自万科企业股资产管理中心，该中心为2011年万科员工代表大会通过成立的社会企业。社会企业不同于一般企业之处在于任何人都不能从这家企业获取投资收益，其所有资产及收益最终只能用于社会公益事业。值得一提的是，9年过去了，万科企业股资产管理中心的核心资产仍然是万科股票，企业股价值已经增值到了53亿元左右。可以看出，清华大学万科公共卫生与健康学院依托清华大学的科研能力与影响力，能够吸引一流人才加入并与国内外顶尖人才进行科研合作，对于解决医疗进步问题能够发挥出巨大的潜力。

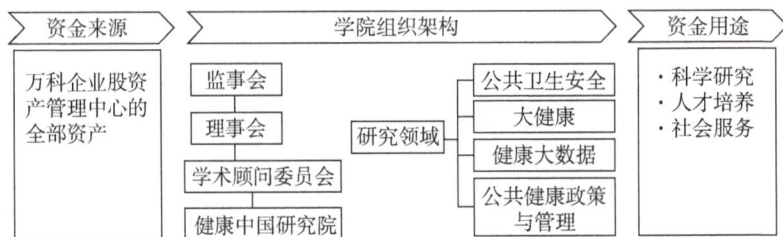

图2-10　清华大学万科公共卫生与健康学院的资金流向及组织架构

（资料来源：课题组根据清华大学万科公共卫生与健康学院官网信息、万科集团官网信息绘制而成）

"智慧育种"项目是企业与科研机构合作开展研究项目的典型范例。阿里巴巴集团及旗下子公司联合成立的阿里巴巴公益基金会在2021年推出了助力乡村振兴的"热土计划"后，与中国农业科学院作物科学研究所合作，捐赠3000万元作为研发基金，合作开展了生物技术、信息技术与智能技术深度融合的"智慧育种"项目，如图2-11所示。

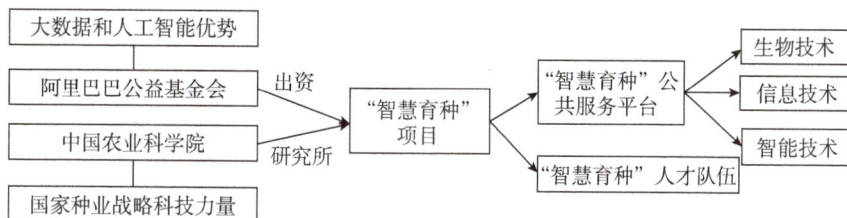

图 2-11　"智慧育种"项目的运作模式

（资料来源：课题组根据"智慧育种"项目相关资料绘制而成）

在这个项目中，中国农业科学院作物科学研究所借助阿里巴巴集团在大数据方面的经验和优势，构建覆盖作物育种全链条、智能化的"智慧育种"公共服务平台，为国内育种专家提供公益、普惠的研究，提高作物育种信息化水平和育种效率，为绿色、高效、优质等突破性新品种选育提供强有力的支撑。

企业与高校等科研机构合作投入科研机构或项目的捐赠路径，有着灵活性与适应性强的特点。企业以社会捐赠形式投入科研经费，在使用方面较为自由，能够不受市场的引导和制约。此外，企业与一流高校、顶尖学者展开合作，有利于达到强强联合、优势互补的效果。

（二）设立科学奖项资助科学家

我国企业探索资助科学家的路径包括 3 种：一是企业依据科学家的研究成果，设立奖项资助科学家个人和团体，"吴文俊人工智能科学技术奖"和"未来科学大奖"是这类奖项的典型代表；二是依据科学家先前的研究基础及未来的研究计划，资助科学家未来的研究，"科学探索奖"是这类奖项的典型代表；三是直接资助科学家，强调选人不选项目，"新基石研究员项目"是资助科学家的典型代表。

"吴文俊人工智能科学技术奖"，强调奖励在智能科学领域做出原创性研究或技术发明成果的科学家。该奖项设立于 2011 年，是由中兴通讯公司牵头捐资，中国人工智能学会发起主办的，被誉为"中国智能科学技术最高奖"，旨在奖励在智能科学技术活动中做出突出贡献的单位和个人，如图 2-12 所示。该奖项共设有最高成就奖、杰出贡献奖、自然科学奖、技术发明奖、科技进步奖、优秀青年奖、专项奖等奖项，其中最高成就奖、杰出贡献奖和优秀青年奖奖励个人，自然科学奖和技术发明奖奖励团队成果完成人，科技进步奖和专项奖奖励项目（成果完成单位和成果完成人）。该奖项每年颁发一次，对被授予"吴文俊人工智能最高成就奖"的获奖者颁发 100 万元奖金，以推动我国智能科学技术领域的创新与发展。

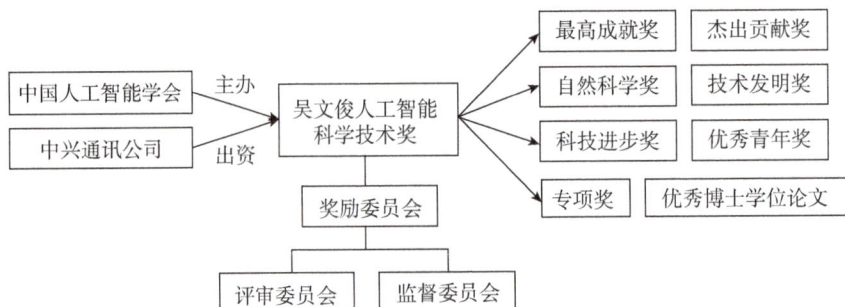

图 2-12 "吴文俊人工智能科学技术奖"的组织架构及奖励设置

（资料来源：课题组根据"吴文俊人工智能科学技术奖"相关资料绘制而成）

"未来科学大奖"主要奖励杰出科学家个人及团体，并要求其原创性研究成果已经取得了巨大国际影响力。该奖项设立于 2016 年，是由香港未来科学大奖基金会有限公司发起的，旨在奖励为大中华区科学发展做出杰出科技贡献的科学家，如图 2-13 所示。该奖项共设置了生命科学奖、物质科学奖、数学与计算机科学奖三大奖项，单项奖金为 100 万美元，奖金捐赠人主要为企业家和科学家。"未来科学大奖"获得者的原创性研究成果必须符合以下几点：取得了巨大国际影响力；具有原创性、长期重要性，或者经过了时间考验；主要在中国内地（大陆）、中国香港、中国澳门、中国台湾完成，完成者的国籍不限。此奖项的设立有助于树立以科学家为偶像的社会风尚，促进中国社会对前沿科技的关注。

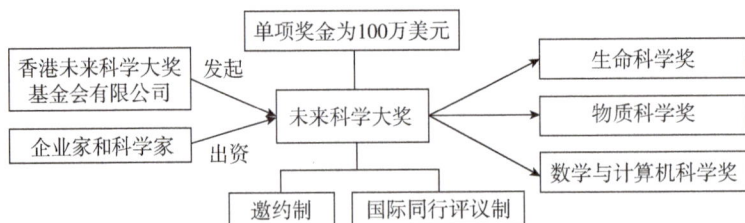

图 2-13 "未来科学大奖"的评奖制度及奖励设置

（资料来源：课题组根据"未来科学大奖"相关资料绘制而成）

"科学探索奖"更重视科学家的未来研究计划。该奖项由腾讯基金会出资，联合杨振宁等14位知名科学家于2018年共同发起设立,如图2-14所示。这项科学家主导的公益性奖项是目前国内金额最高的青年科技人才资助计划之一,该奖项秉持着资助"探索期"青年科技工作者,"面向未来、奖励潜力、鼓励探索"的宗旨,面向数学物理学、生命科学、信息电子、能源环境等10个基础科学和前沿技术领域,每年遴选出50位年龄不超过45岁的在中国内地或中国港澳地区从事全职科研工作的中青年科技工作者,每位获奖人将在5年内获得总计300万元的奖金,且可自由支配。在奖项运营方面,腾讯基金会先期投入10亿元,采用公益化运作,不计商业回报,坚持长期运营。至2021年,"科学探索奖"共资助了150位优秀的青年科学家,切实成为吸引青年科研人员投身基础科学和前沿技术领域的重要方式。

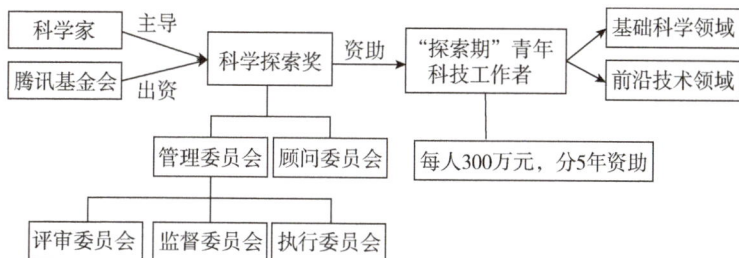

图2-14 "科学探索奖"的组织架构及奖励设置

(资料来源:课题组根据"科学探索奖"相关资料绘制而成)

"新基石研究员项目"坚持选人不选项目原则。该奖项由腾讯基金会于2022年正式启动,这是继"科学探索奖"后,腾讯基金会领头的探索支持基础研究科学家的又一个重要举措,如图2-15所示。"新基石研究员项目"秉承"聚焦原始创新、鼓励自由探索、具备公益属性"的理念,为"破题"自由探索和推动"从0到1"的原始创新提供新的可能性,计划在10年内投入100亿元到原始创新研究领域。该项目实施严进宽出的资助模式,在申报环节要求严格,但对获得资助的科学家提供长期、稳定、灵活的资助,既不设定具体明确的研究任务,也不规定考核论文的数量限制,更没有设定其必须拿出科研成果的期限,这些措施为科学家们全身心投入基础科学研究提供了稳定的资金支持,为基础研究的突破提供了良好的环境。

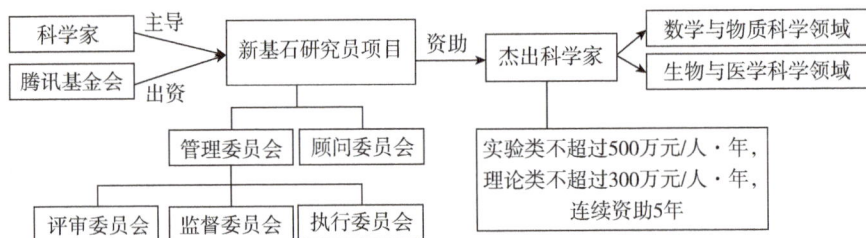

图 2-15 "新基石研究员项目"的组织架构及奖励设置

（资料来源：课题组根据"新基石研究员项目"相关资料绘制而成）

企业奖励科研成果的行为既是对科研工作者的认可，也是激励其他科研工作者继续突破创新的方式。随着我国逐步加大对原始创新和基础研究的投入，一定程度上改善了青年科研工作者急于求成的现状，有利于激发其科学精神，吸引更多青年投身于我国的科学事业，从而推进基础性、前沿性科学研究的产出。

（三）企业家个人对母校的科研捐赠

企业进行科研捐赠的常见路径还有企业家以个人名义向高校捐赠，校友是高校的大额捐赠群体。在对 2015—2020 年全国高校的 982 笔大额捐赠进行统计时发现，81% 的大额捐赠项目由企业、企业基金会、企业家、企业家个人基金会，或者由以上四者联名捐赠。其中，来自校友的大额捐赠有 188 个，占 26%[1]，这些捐赠基本都用于支持学校的科研事业，如设立研究院、奖学金等。2022 年 6 月，中国科学技术大学物理系的毕业生李西廷，即现任迈瑞医疗董事长向母校捐赠了一笔高达 1.068 亿元的款项，重点用于学校人才引进和培养等相关工作。同年 9 月，华中科技大学同济医学院 1991 级校友、武汉明德生物科技有限公司董事长陈莉莉向母校捐资 1000 万元，设立同济医学院学科及科研发展基金，助力医科发展。可以看出，校友是学校科研事业发展的重要力量，优秀校友企业家秉持着心系教育事业、赤诚报国的责任担当向母校进行捐赠，不仅能够助力母校成为引领未来科技和产业变革的一流大学，而且对我国科研事业的创新发展及人才培养都有着积极的推动作用。

---

[1] 资料来源：《2021 高校基金会大额捐赠观察报告》。

第三章　美国科学研究慈善捐赠的经验与瓶颈分析

　　美国十分重视科学研究的慈善捐赠①，在支持计算机与电子产品、信息服务与科学技术服务等技术密集型行业、交叉前沿学科、未来产业、大脑功能高级分析等领域取得较好的成效。当前，美国科研捐赠日益成为资助基础研究和创新研究的关键贡献者，为科学突破奠定基础。

　　美国对科学研究投入的组织机构呈现出 4 个特点：第一，美国已形成稳定的科学研究多元化投入格局，其第二次世界大战时期便开始重视科学研究，并进行多种路径的经费投入；第二，美国对科学研究慈善捐赠的规模领先于其他发达国家，2011—2020 年美国非营利组织对于科研领域的捐赠远高于日本、法国和韩国等发达国家；第三，美国拥有众多聚焦科研的专项基金会，为科学研究重大前沿领域和原始创新提供了有力支持；第四，随着美国慈善捐赠体系的演化，其在管理制度方面出现了瓶颈，如税法改革引发中低收入者捐赠意愿和既得利益之间的冲突、政府与非营利组织互惠互利的共生状态逐渐瓦解，这些问题都对慈善事业产生了负面影响。

　　因此，本研究将美国作为科学研究慈善捐赠的研究对象，对其科学研究捐赠经验和目前的困境进行综合分析，以期为我国科研捐赠发展提供借鉴，引导更多的社会资金投入科学研究，提升我国的科技创新竞争力。

---

① 美国一般使用慈善捐赠表示自然人、法人或其他组织自愿将自身合法财产单方面向非营利的事业单位、社会团体等受益人无偿转让的行为。

一、美国科学研究慈善捐赠的组织机构

（一）美国慈善捐赠体系的整体框架分析

美国社会捐赠主体为个人、企业、基金会和遗产[①]，如图 3-1 所示。个人在进行慈善捐赠之前无论是否拥有清晰的捐赠目标都可在美国国税局[②]、州司法部[③]、商业改善局[④] 查询非营利组织的相关信息，后续将想要捐赠的物品（现金、实物、金融资产等）以在线捐赠、邮寄捐赠、邮件捐赠等方式捐出。企业主要通过企业捐赠计划和企业基金会两个渠道进行慈善捐赠。企业捐赠计划由企业自身运营，相关信息不公开，因此图 3-1 主要展示企业基金会的捐赠路径。企业基金会是独立于企业的，由专业团队进行管理，团队根据基金会使命或宗旨主动选择相应的项目，或者被动响应符合其使命的项目申请，并以现金、公益营销、志愿服务等多种形式来进行捐赠。基金会主要是通过独立基金会、社区基金会、运营基金会 3 种类型的基金会进行慈善捐赠，其中独立基金会包含个人基金会、家庭基金会和遗赠基金会。多数基金会都是由专家团队或项目部进行管理，之后专家团队或项目部根据基金会使命或宗旨主动选择相应的项目，或者被动响应符合其使命的项目申请，以现金、实物、志愿服务等其他形式进行捐赠。遗产主要依据遗嘱进行慈善捐赠，将金融资产、人寿保险、房屋等其他物品捐出。所有的赠款到达非营利组织之后，非营利组织会根据各主体的捐赠要求进行拨款，无具体捐赠要求的赠款将用于组织运营或组织选定的项目。捐助者和基金顾问可在各非营利组织官方网站的在线捐助者门户、邮件或年度报告等渠道查看捐助状态，对于匿名捐助者，非营利组织尊重其意愿。

[①] 资料来源：Giving USA《2020 年美国慈善年度报告》。
[②] 美国国税局提供非营利组织的税务信息和其属于 501(C)(3) 的状态。
[③] 州司法部提供非营利组织的执照和投诉记录。
[④] 商业改善局提供大型慈善机构资金使用情况的报告。

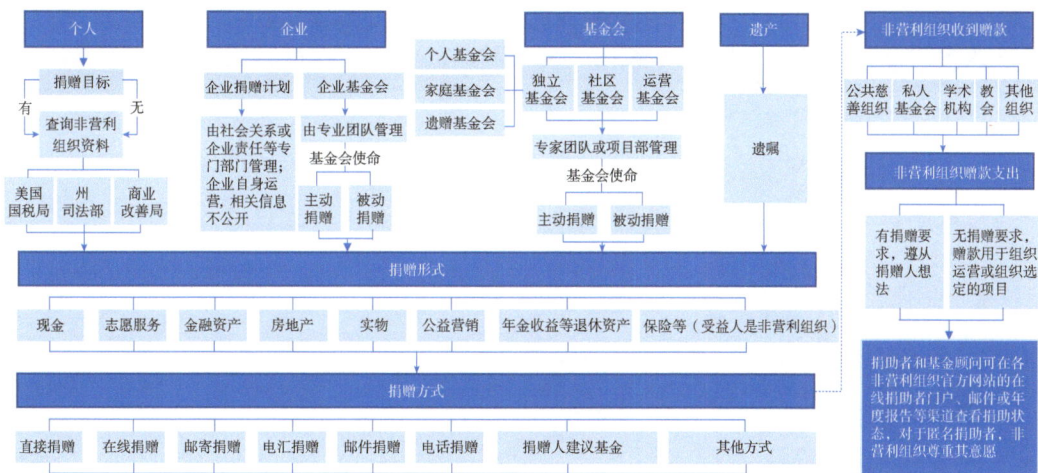

图 3-1　美国慈善捐赠体系的整体框架

（二）美国非营利组织慈善捐赠框架及其特点

美国主要由非营利组织实施慈善捐赠，美国《国内税收法典》[①]提出非营利组织包括公共慈善组织、私人基金会及教会与宗教组织。其领域主要限定在慈善、教育、科学、文化和宗教等方面。

1. 非营利组织是美国慈善捐赠体系中的主要力量

美国非营利组织的数量十分庞大，截至 2019 年 1 月，美国现存的非营利组织约有 143 万个，其服务领域涉及人类服务、宗教及精神发展、教育（不包含高等教育）、私人基金会、医院等 14 个领域，如表 3-1 所示。其中，致力于人类服务领域的非营利组织数量最多，约 35 万个，约占非营利组织总数的 25%。接着为致力于宗教及精神发展和教育（不包括高等教育）领域的非营利组织，其数量分别占总数的 21% 和 13%。此外，也有少部分非营利组织致力于科学、技术和社会科学研究，其数量较少，约占总数的 1%，如图 3-2 所示。美国大多数非营利组织的规模较小，很少拥有捐赠基金，主要是服务某一社区。但这类非营利组织的存在，使美国形成了热衷于慈善和社会服务的良好捐赠风气。

---

① 资料来源：美国《国内税收法典》第 501(C)(3) 条。

表 3-1 2018 年美国各服务领域非营利组织数量及其占比

服务领域	非营利组织数量 / 万个	所占比例
人类服务	35.4	25%
宗教及精神发展	29.8	21%
教育（不包含高等教育）	18.4	13%
私人基金会	12.7	9%
艺术、文化、人文学科	12.0	8%
其他公共社会福利	9.5	7%
保健和心理健康（不包括医院）	9.2	6%
环境和动物	6.4	4%
NTEE=T（再捐赠者）[①]	3.6	3%
国际事务	2.3	2%
研究方向：科学、技术、社会科学	1.1	1%
高等教育	0.7	0.5%
医院	0.6	0.5%
其他	1.0	1%

资料来源：Nonprofit Impact Matters: How America's Charitable Nonprofits Strengthen Communities and Improve Lives。

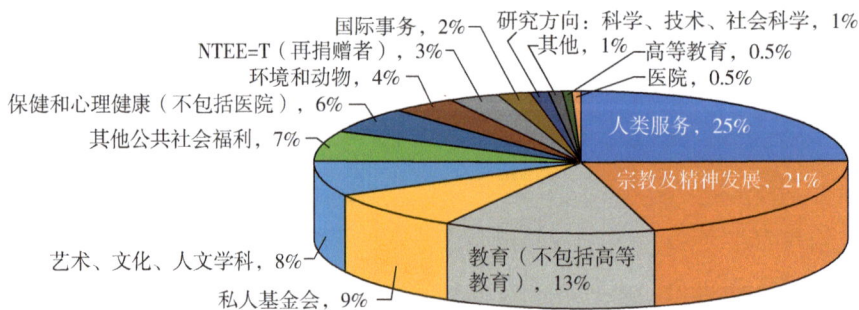

图 3-2 2018 年美国各服务领域非营利组织数量占比

（资料来源：Nonprofit Impact Matters: How America's Charitable Nonprofits Strengthen Communities and Improve Lives）

---

① 美国国税局将国税局的活动代码应用于每个被授予免税地位的实体。NTEE（国家免税实体系统）=T（社区基金会、捐助者建议基金和联盟运动基金会等再捐赠者）。

2. 收费服务、接受捐赠及其他收入是非营利组织的资金来源

美国非营利组织资金来源主要有三方面，即收费服务、接受捐赠及其他收入。收费服务占资金来源比例最高（80%以上），它由两部分组成：一是私人服务，2018年此项收入占非营利组织总资金的49.0%；二是政府拨款及佣金，此项收入是政府付给非营利组织为公众提供服务的费用，2018年此项收入占其全部收入的31.8%。接受捐赠包括个人捐赠（8.7%）、基金会捐赠（2.9%）、遗产捐赠（1.5%）、企业捐赠（0.9%）等来源，如图3-3所示。

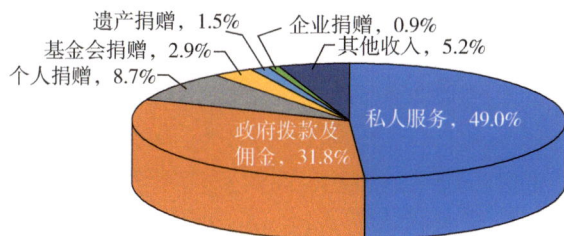

图3-3　2018年美国非营利组织的资金来源及其占比

（资料来源：Nonprofit Impact Matters: How America's Charitable Nonprofits Strengthen Communities and Improve Lives）

非营利组织与政府形成了相互支撑的合作方式。非营利组织发动社会资本协助政府弥补基础研究经费缺口，而政府通过支付佣金的方式为非营利组织提供经费支持。

3. 美国非营利组织呈现商业化、宽领域、多元化等特点

随着美国非营利组织的不断发展，目前其具有5个特点。一是美国非营利组织普遍商业化。由于法律和政策环境的变化，非营利组织的商业化越来越普遍，非营利组织被完全推向了自由市场，收费服务成为美国非营利组织的主要收入来源，慈善捐助只占非营利组织收入的10%左右。二是美国非营利组织服务领域范围广。美国非营利组织的服务领域范围较广，呈现多元化趋势，包含人类服务、宗教及精神发展、教育（不包括高等教育）、私人基金会、其他公共社会福利、环境和动物等14个服务领域，这些服务领域形成了非营利组织的"子部门"。在数量、规模、领域和影响力方面，非营利组织呈现出前所未有的发展势头，已成为美国社会发展的重要部门。三是美国非营利组织具有多样化的运营模式。在非营利组织商业活动的

实践中涌现出许多创新形式，社会企业和公益创投是其中最具有代表性的两种新形式。公益创投是新型的公益伙伴关系和慈善投资模式，除了资金，它还提供管理和技术支持，通过与被投资者建立长期的合作伙伴关系，达到促进能力建设和模式创新的目的。公益创投在运作方式上类似于商业投资行为，它与商业投资本质的区别在于其投资目标的非营利性，公益创投不要求回报，或者将投资回报继续用于公益事业。四是美国非营利组织的公信力呈下降趋势。由于一系列非营利组织丑闻的出现及税法的影响，公众对非营利组织的信任度下降，其在支持和参与方面都受到一定影响。相反，私人基金会的数量大大增加。五是美国非营利组织正面临改革创新。联邦和地方政府在非营利组织监管、问责的法律法规、监管手段上存在的问题越来越突出，制度建设和监管方面的变革呼声日高，推动着美国非营利组织相关法律制度的改革创新。

从非营利组织产生的过程可以看出，非营利组织主要是弥补政府和市场的缺陷，因此其发挥的社会功用也介于政府与市场之间，主要包括弥补政府社会发展资金的不足、创造就业机会、提升资源运用的透明度和合理性、加强社会对弱势群体的关注和扩大社会公平、缩小贫富差距、促进社会改革进程等。

（三）非营利组织投入科学研究的整体趋势

1. 非营利组织已成为科学研究经费来源的第三大主体

美国的科研经费来源呈现出明显的多元化状态，非营利组织科研捐赠规模仅次于企业和联邦政府，成为第三大科学研究投入主体，2013—2020 年（以下均无2017 年数据）非营利组织投入的年均科研经费占总科研经费的 4%。

美国的科研经费主要来自联邦政府、州政府、企业、高等教育和非营利组织5 个机构。企业对科学研究的投入规模最大，2013 年占比为 65%，2020 年占比为73%，占比增长了 8 个百分点[①]，如图 3-4 和表 3-2 所示。联邦政府的投入规模位列第二，但总体呈现下降趋势，2013 年占比为 27%，2020 年占比为 19%，占比下降了 8 个百分点。非营利组织则位列第三，2013—2020 年投入占比较为稳定，基本维持在 4% 左右。高等教育（高校）的科研投入略低于非营利组织，是美国科研经

---

① Congressional Research Service. U.S. Research and Development Funding and Performance: Fact Sheet [EB/OL].(2022–09–13)[2023–10–10]. https://crsreports. congress.gov/.

费来源的第四大主体，2013—2020 年占比均维持在 3% 左右。除此之外，州政府的科研投入最低，2013—2020 年均不超过 1%。

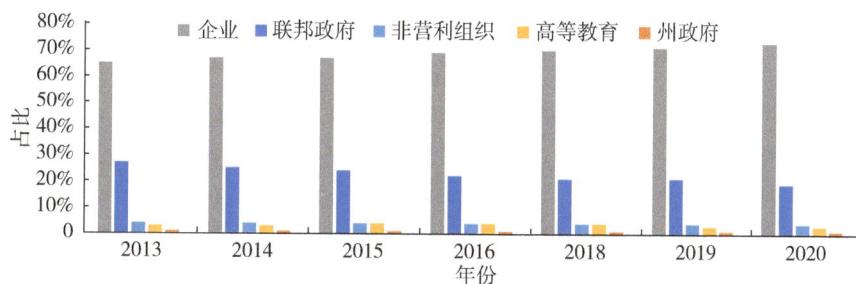

图 3-4　2013—2020 年美国科研经费各投入主体占比

（资料来源：Congressional Research Service. U.S. Research and Development Funding and Performance: Fact Sheet）

表 3-2　2013—2020 年美国科研经费各投入主体总计投入金额及其占比

单位：亿美元

年份	企业		联邦政府		非营利组织		高等教育		州政府	
	金额	占比	金额	占比	金额	占比	金额	占比	金额	占比
2013	2973	65%	1218	27%	177	4%	152	3%	41	1%
2014	3186	67%	1198	25%	190	4%	160	3%	42	1%
2015	3332	67%	1209	24%	194	4%	173	4%	43	1%
2016	3555	69%	1161	22%	206	4%	185	4%	45	1%
2018	4042	70%	1273	21%	227	4%	211	4%	47	1%
2019	4637	71%	1389	21%	267	4%	218	3%	50	1%
2020	5175	73%	1378	19%	251	4%	225	3%	50	1%

资料来源：Congressional Research Service. U.S. Research and Development Funding and Performance: Fact Sheet。

2013—2020 年联邦政府、州政府、企业、高等教育和非营利组织的科研年均投入占比分别为 23%、1%、69%、3% 和 4%，如图 3-5 所示。可见，美国的科研经费来源已形成稳定的多元投入格局。

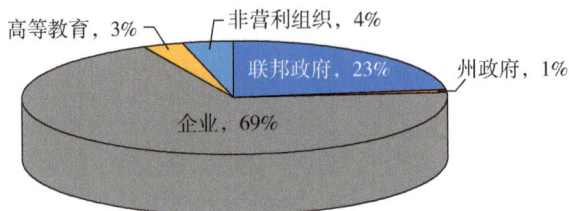

图 3-5　2013—2020 年美国科研经费各投入主体年均占比

（资料来源：Congressional Research Service. U.S. Research and Development Funding and Performance: Fact Sheet）

非营利组织 2013—2020 年科研经费投入规模仅次于企业和联邦政府，是第三大科学研究投入主体，对于美国持续开展科学研究起到了重要作用。

2. 在基础研究经费投入中非营利组织也是第三大投入主体，其经费占比较高

在基础研究经费投入中，非营利组织占比与高等教育相似，两者 2013—2020 年年均占比约为 13%。2013—2020 年，美国企业、高等教育和非营利组织等在基础研究上的投入金额占比大体上呈现出上涨的趋势。总体来看，2013—2020 年联邦政府年均投入占比最大（42%），企业次之（29%），非营利组织与高等教育占比接近（13%），州政府投入占比最小（3%），如图 3-6 所示。

在基础研究中，联邦政府的投入规模最大，但是其投入占比呈现出逐年下降的趋势，2013 年在基础研究中投入 378 亿美元，占比为 47%，2020 年投入 438 亿美元，占比为 41%，下降了 6 个百分点。而企业在基础研究中的投入占比在逐年递增，从 2013 年的 26% 增长到 2020 年的 34%，增长了 8 个百分点。非营利组织在基础研究中的投入占比呈现波动变化，2013 年占比为 12%，之后持续缓慢增长，2019 年占比为 14%，但 2020 年占比下降至 10%。高等教育的基础研究投入占比也呈现出波动变化，但基本维持在 13% 左右，州政府的占比维持在 3% 左右，如表 3-3 所示。

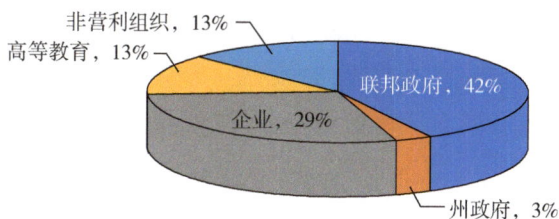

图 3-6　2013—2020 年美国各主体投入基础研究金额年均占比

（资料来源：Congressional Research Service. U.S. Research and Development Funding and
Performance: Fact Sheet）

表 3-3　2013—2020 年美国各主体投入基础研究金额及其占比

单位：亿美元

年份	联邦政府		企业		非营利组织		高等教育		州政府	
	金额	占比	金额	占比	金额	占比	金额	占比	金额	占比
2013	378	47%	212	26%	97	12%	94	12%	23	3%
2014	381	45%	230	27%	105	13%	100	12%	24	3%
2015	369	44%	227	27%	106	13%	109	13%	24	3%
2016	378	43%	257	29%	112	13%	115	13%	24	3%
2018	404	42%	280	29%	125	13%	131	14%	25	3%
2019	439	41%	330	31%	147	14%	136	13%	26	2%
2020	438	41%	362	34%	109	10%	143	13%	27	3%

资料来源：Congressional Research Service. U.S. Research and Development Funding and Performance:
Fact Sheet。

3. 在应用研究经费投入中非营利组织仍是第三大投入主体，但其经费占比较低

在应用研究经费投入中非营利组织占比较低，2013—2020 年占比约为 6%。
2013—2020 年，美国联邦政府和高等教育在应用研究上的投入金额占比都呈现出下
降的趋势，州政府、企业和非营利组织则呈现波动变化。总体来看，2013—2020 年
企业投入占比最大（53%），联邦政府次之（35%），非营利组织（6%）与高等教
育（5%）投入占比接近，州政府投入占比最小（1%），如图 3-7 所示。

美国企业在应用研究中的投入规模最大且其投入占比呈现出增长的趋势，2013

年投入 463 亿美元, 占比为 51%, 2020 年投入 786 亿美元, 占比为 56%; 联邦政府
的投入规模位列第二, 但是它的投入占比持续下降, 从 2013 年的 37% 下降到 2020
年的 31%, 下降了 6 个百分点。非营利组织在应用研究中的投入规模位列第三, 其
投入占比在 2013—2019 年呈现波动变化, 但是波动幅度较小, 并于 2019 年开始呈
现出上涨的趋势, 2019 年投入 68 亿美元, 占比为 6%, 2020 年投入 95 亿美元, 占
比为 7%, 上涨 1 个百分点, 如表 3–4 所示。

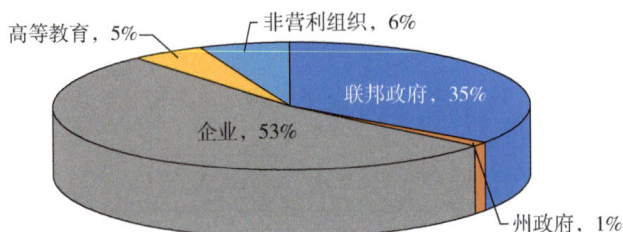

图 3–7 2013—2020 年美国各主体投入应用研究金额年均占比

(资料来源: Congressional Research Service. U.S. Research and Development Funding and
Performance: Fact Sheet)

表 3–4 2013—2020 年美国各主体投入应用研究金额及其占比

单位: 亿美元

年份	企业		联邦政府		非营利组织		高等教育		州政府	
	金额	占比	金额	占比	金额	占比	金额	占比	金额	占比
2013	463	51%	334	37%	48	5%	48	5%	13	1%
2014	484	52%	337	36%	52	6%	50	5%	14	2%
2015	517	53%	345	36%	49	5%	46	5%	14	2%
2016	573	55%	354	34%	54	5%	50	5%	15	2%
2018	624	54%	395	34%	58	5%	57	5%	16	1%
2019	687	55%	418	34%	68	6%	59	5%	17	1%
2020	786	56%	437	31%	95	7%	60	4%	17	1%

资料来源: Congressional Research Service. U.S. Research and Development Funding and Performance:
Fact Sheet。

4. 在试验发展经费投入中非营利组织虽然是第三大投入主体，但与企业和联邦政府的差距较大

在试验发展经费投入中，非营利组织占比极低，2013—2020 年，占比约为 1.0%。2013—2020 年，美国联邦政府在试验发展上的投入金额占比呈现出下降的趋势，企业在试验发展上的投入金额占比持续上涨，非营利组织相对稳定，州政府和高等教育则呈现波动变化。总体来看，2013—2020 年企业投入占比最大（84.3%），联邦政府次之（14.0%），非营利组织（1.0%）、高等教育（0.5%）和州政府（0.2%）投入占比极小，如图 3-8 所示。

企业在试验发展的投入金额和投入占比呈现出持续增长的趋势，2013 年投入 2298 亿美元，占比为 81%，2020 年投入 4027 亿美元，占比为 87%，增长了 6 个百分点；联邦政府的投入规模位列第二，但是它的投入占比不断下降，从 2013 年的 18% 下降到 2020 年的 11%，下降了 7 个百分点；非营利组织在试验发展的投入规模位列第三，近几年它的投入金额和投入占比保持稳定，投入金额约维持在 40 亿美元，占比为 1%；高等教育和州政府每年的投入占比较小，不足 1%，如表 3-5 所示。

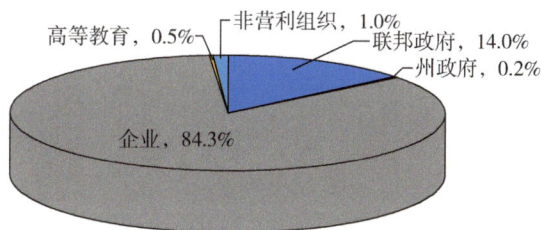

图 3-8　2013—2020 年美国各主体投入试验发展金额年均占比

（资料来源：Congressional Research Service. U.S. Research and Development Funding and Performance: Fact Sheet）

表 3-5　2013—2020 年美国各主体投入试验发展金额及其占比

单位：亿美元

年份	企业		联邦政府		非营利组织		高等教育		州政府	
	金额	占比	金额	占比	金额	占比	金额	占比	金额	占比
2013	2298	81%	506	18%	31	1%	11	0.3%	5	0.2%
2014	2472	82%	480	16%	33	1%	11	0.4%	4	0.1%

续表

年份	企业		联邦政府		非营利组织		高等教育		州政府	
	金额	占比	金额	占比	金额	占比	金额	占比	金额	占比
2015	2588	82%	495	16%	39	1%	19	0.6%	5	0.2%
2016	2725	85%	429	13%	41	1%	20	0.6%	6	0.2%
2018	3139	85%	474	13%	43	1%	23	0.6%	6	0.2%
2019	3621	86%	532	13%	51	1%	23	0.5%	6	0.2%
2020	4027	87%	503	11%	47	1%	22	0.5%	6	0.1%

资料来源：Congressional Research Service. U.S. Research and Development Funding and Performance: Fact Sheet。

5. 非营利组织对三类科学研究中的基础研究投入占比最大，超过50%

美国非营利组织对科研的捐赠情况较为清晰，基础研究是非营利组织的最主要投资领域。2020年，非营利组织的科研经费投入为251亿美元，其中投入基础研究109亿美元，占其科研总投入的43%。2013—2020年，非营利组织在基础研究、应用研究和试验发展的年均投入占比分别为53%、28%和19%，基础研究占比最高，如图3-9所示[1]。

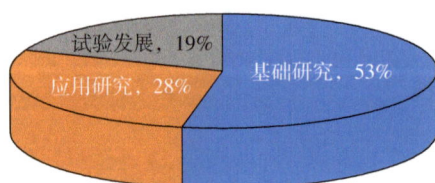

图3-9 2013—2020年非营利组织在基础研究、应用研究、试验发展投入金额年均占比

（资料来源：Congressional Research Service. U.S. Research and Development Funding and Performance: Fact Sheet）

总体来看，非营利组织是科学研究经费投入的第三大主体，以基础研究投入为主，应用研究次之，试验发展投入最少。

---

① 资料来源：Congressional Research Service. U.S. Research and Development Funding and Performance: Fact Sheet。

二、美国基金会科学研究捐赠的机制分析

美国基金会是非营利组织的重要组成部分，是接收、使用捐赠款项的重要机构，也是非营利组织中权威性较高的组织形式，其制度合理、监管透明，捐赠机制比较成熟完善。基金会的资助范围十分广泛，涉及教育、慈善、科研、环保等许多领域。

美国已出现大量聚焦科学研究的基金会，甚至通过自发联盟的形式为科学研究提供长期稳定的资金支持，在科学研究捐赠方面发挥着突出作用。目前，美国的私人基金会超过 12 万家[①]。其中，对科学研究资助力度较大且知名度较高的有比尔与梅琳达·盖茨基金会、霍华德·休斯医学研究所、西蒙斯基金会、陈扎克伯格基金会等。这些基金会更多关注基础研究、医疗健康、教育等方面的研究活动，通常为重点学科、针对性科研项目等提供资金支持，也会为科研人员设立奖励计划，支持杰出人才开展研究工作，如表 3-6 所示。

（一）比尔与梅琳达·盖茨基金会

1. 成立宗旨

微软创始人比尔·盖茨及妻子梅琳达·盖茨创建了比尔与梅琳达·盖茨基金会（Bill & Melinda Gates Foundation），该基金会成立于 2000 年，致力于推进全球公共卫生和经济的发展，旨在将人类的创新才能应用于减少健康和发展领域的不平等现象。

2. 管理机制与运行模式

比尔与梅琳达·盖茨基金会通过盖茨基金会和比尔与梅琳达·盖茨信托基金的双实体结构进行管理与运作。在 2006 年以前，比尔与梅琳达·盖茨基金会在开展慈善事业的同时也进行了投资。2006 年，沃伦·巴菲特向比尔与梅琳达·盖茨基金会捐赠巨款。同年，比尔与梅琳达·盖茨基金会的组织构架发生较大的调整，转变为双实体结构，包括盖茨基金会和比尔与梅琳达·盖茨信托基金。盖茨基金会负责慈善项目的捐助，比尔与梅琳达·盖茨信托基金负责运营信托资产，实现增值保值。盖茨基金会和比尔与梅琳达·盖茨信托基金是两个独立的法律实体，比尔与梅琳达·盖茨信托基金定期向盖茨基金会拨款以开展慈善项目。与此同时，比尔与

---

① 资料来源：2019 年美国国家非营利组织委员会发布的报告。

表 3-6 美国重点资助科研基金会概况

基金会	成立宗旨	捐赠对象	资金来源	投资领域	管理机制	特点
比尔与梅琳达·盖茨基金会	将人类的创新才能应用于减少健康和发展领域的不平等现象	向组织提供捐助款,或者向企业、家项目进行投资	其所有资产来自比尔与梅琳达·盖茨信托基金	性别平等、全球发展计划、全球增长与机会计划、全球健康计划、全球政策与倡导和美国项目	双实体结构,包括盖茨基金会和比尔与梅琳达·盖茨信托基金。基金会内部划分为全球发展部、全球健康部和美国本土项目	重视全球项目,尤其注重全球公共卫生项目;慈善投资规模大,全面改善投资影响力强,把慈善事业作为"投资",且投资获利丰厚
霍华德·休斯医学研究所	促进基础科学领域进一步发展	对研究所基础研究活动提供资金支持,同时资助其他机构和个人	净投资收入和知识产权及其他收入两种	医学研究、教育	在董事会的整体指导下运作,有5个常设委员会;设立3个咨询机构:医学咨询组、科学评审组和生物伦理咨询组	重视医学投入;主要收入来源为净投资收入;实行多方兼顾的资助模式,满足了生物医学发展的多层次需要;计划管理科学严格;资助政策坚持以人为本
西蒙斯基金会	支持数学和科学基础研究	以大学为主要捐赠对象	他方捐款、投资回报和其他收入来源(租赁收入、其他项目收入)	神经科学协作、教育与活动、物理研究所、自闭症研究、生命科学、数学与物理学	未找到相关资料	主要投资基础研究,其中重视生命科学和数学与物理学科学研究;大学为主要捐赠对象;投资回报为主要收入来源;增加了新的科研资助模式
陈扎克伯格基金会	消除疾病,改善教育及满足当地社区的需求	主要向科学研究、大学计划、教育计划捐款	收到的捐款、资产、股息、出售、其他收入	科学、教育、司法、社区	陈扎克伯格建议的赠款通过3种捐赠渠道授予,由专业投资团队管理	关注科研领域,重视生物和生物医学研究;以项目为主要捐赠对象;由专业投资团队负责;基金会隶属陈扎克伯格倡议

资料来源:课题组根据前文本内容整理而成。

梅琳达·盖茨基金会内部也进行了重组，建立了全球发展部、全球健康部和美国本土项目部。全球发展部的职能是发现并资助那些有助于大量贫困人口脱贫的项目计划，以帮助世界上的贫困人口摆脱贫穷与饥饿，过上更好的生活；全球健康部致力于汇聚科技力量，通过提供有效的医疗工具，开发经济可靠的治疗手段，并在健康领域不断创新等，帮助发展中国家最需要帮助的人群，挽救他们的生命；美国本土项目部的工作重点是提高美国的中学教育水平，帮助高中毕业生为大学入学做准备。2012年，比尔与梅琳达·盖茨基金会增设了一个全球政策与倡导部，该部门致力于与其他国家、社会团体和个人建立策略性关系，促进慈善事业的政策进步，推动慈善事业在美国和世界的发展。比尔与梅琳达·盖茨基金会的资金流向及组织架构如图3-10所示。

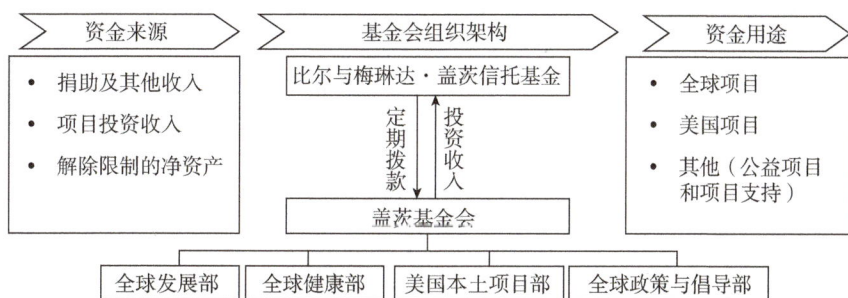

图 3-10　比尔与梅琳达·盖茨基金会的资金流向及组织架构

（资料来源：课题组根据比尔与梅琳达·盖茨基金会官网资料绘制而成）

3. 捐赠对象

一般情况下，比尔与梅琳达·盖茨基金会向不同组织提供捐助款，或者向企业、企业家项目进行投资，不向个人提供捐助款。盖茨基金会的主要资助方式包括直接拨款和战略性投资两种。直接拨款是比尔与梅琳达·盖茨基金会最大的融资手段，占总慈善捐赠的 90% 以上。战略性投资主要针对企业家、公司和其他组织，以创造激励措施，利用私营企业的力量为那些最需要的人提供机会。通过战略性投资，为比尔与梅琳达·盖茨基金会项目提供资金支持，项目涵盖范围极广，主要资助的领域包括性别平等、全球发展计划、全球增长与机会计划、全球健康计划、全球政策与倡导和美国项目[①]。

---

① 资料来源：https://www.gatesfoundation.org/about/foundation-fact-sheet。

4. 资金支出与来源

比尔与梅琳达·盖茨基金会采用与传统慈善基金会完全不同的运作方式。传统的慈善行为一般是没有任何附加条件的赠予，而比尔与梅琳达·盖茨基金会则把慈善事业看作一项"投资"。比尔与梅琳达·盖茨基金会没有实质性资产，其所有资产来自比尔与梅琳达·盖茨信托基金的定期拨付。该信托基金已将其 100% 的股份投资于股票。沃伦·巴菲特经营的控股公司伯克希尔哈撒韦公司持有其近一半的价值。比尔与梅琳达·盖茨基金会定期会向比尔与梅琳达·盖茨信托基金申请拨款，用于各种慈善项目。比尔与梅琳达·盖茨信托基金的资产以盖茨夫妇和巴菲特的捐赠为基础，不接受其他捐赠。

比尔与梅琳达·盖茨基金会的支出主要包括全球项目、美国项目、其他（公益项目和项目支持）3 种[1]。在所有的支出中，全球项目占比最大，2017—2021 年都维持在 80% 以上，2017 年全球项目支出占比最大，占全部支出的 87%，共计 51 亿美元。美国项目的支出占比也相对稳定，2017—2021 年基本维持在 10% 左右，2020 年、2021 年分别支出 7 亿美元和 6 亿美元，分别占当年总支出的 14%、13%。其他（公益项目和项目支持）支出占比相对较小，2017—2021 年都稳定在 5% 及以下，如图 3-11 所示。2017—2021 年，全球项目年均支出占比最大，约为 85%，共计约 44 亿美元；美国项目年均支出约 5 亿美元，占比约为 11%；其他（公益项目和项目支持）年均支出约 2 亿美元，占比约为 4%，如图 3-12 所示。

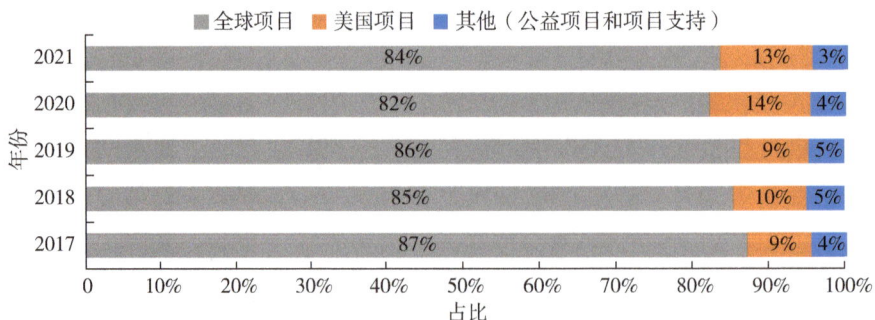

图 3-11　2017—2021 年比尔与梅琳达·盖茨基金会支出占比

[资料来源：比尔与梅琳达·盖茨基金会官网（https://www.gatesfoundation.org）]

---

[1]　资料来源：https://www.gatesfoundation.org/about/foundation-fact-sheet。

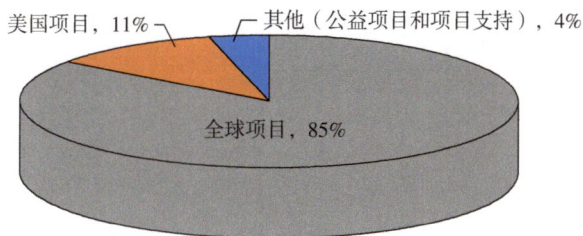

图 3-12　2017—2021 年比尔与梅琳达·盖茨基金会年均支出占比

[资料来源：比尔与梅琳达·盖茨基金会官网（https://www.gatesfoundation.org）]

　　比尔与梅琳达·盖茨基金会的收入来源主要包括捐助及其他收入、项目投资收入和解除限制的净资产[①]三类。在收入当中，项目投资收入逐年递增，2017 年为5000 万美元，2021 年为 4 亿美元，增长了 7 倍左右。捐助及其他收入呈现波动变化，2017 年为 2100 万美元，占总收入的 82%，2020 年下降到 179 万美元，只占总收入的 4%，2021 年增长到约 1 亿美元，占总收入的 21%。解除限制的净资产占总收入的比重仅在 2019 年有所增加，之后两年均有所减少，从 2019 年的 49% 减少至2021 年的 10%，如图 3-13 所示。2017—2021 年，项目投资收入在比尔与梅琳达·盖茨基金会年均占比最高，达到 39%；捐助及其他收入年均占比为 36%；解除限制的净资产年均占比最小，为 25%，如图 3-14 所示。

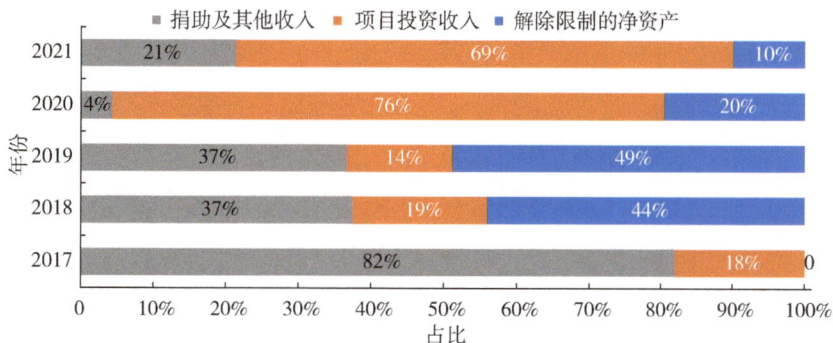

图 3-13　2017—2021 年比尔与梅琳达·盖茨基金会收入占比

[资料来源：比尔与梅琳达·盖茨基金会官网（https://www.gatesfoundation.org）]

[①]　解除限制的净资产即非限定性净资产，"非限定性净资产"科目用于核算民间非营利性组织的非限定性净资产，即民间非营利性组织净资产中除限定性净资产之外的其他净资产。

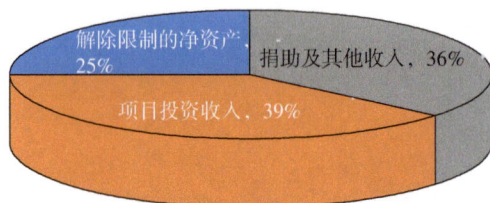

图 3-14　2017—2021 年比尔与梅琳达·盖茨基金会年均收入占比

[资料来源：比尔与梅琳达·盖茨基金会官网（https://www.gatesfoundation.org）]

5. 特点分析

比尔与梅琳达·盖茨基金会科研捐赠的特点有 3 个方面：第一，重视全球项目，尤其注重全球公共卫生项目。2017—2021 年，全球项目以年均 85% 的支出占比位列比尔与梅琳达·盖茨基金会项目捐赠第一，在近年的捐赠支出中占比最高。在过去的 20 年里，比尔与梅琳达·盖茨基金会在全球公共卫生方面的支出超过 500 亿美元，其中，20 亿美元用于新型冠状病毒感染救济。第二，慈善投资规模大，全球影响力强。比尔与梅琳达·盖茨基金会是当今世界最大的私人慈善基金会，拥有 500 多亿美元的总资产，在全球范围内开展改善卫生和健康、摆脱饥饿和贫困、实现教育公平等活动。截至 2021 年 12 月 31 日，比尔与梅琳达·盖茨基金会捐款达 2051 次，金额达 670 亿美元[①]。第三，把慈善事业作为"投资"，且投资获利丰厚。比尔与梅琳达·盖茨基金会试图建立一个良性发展的慈善制度体系，这一体系会源源不断地吸引创新型企业加入，既让加入的企业获得收益，又使那些没有分享到市场经济好处人群的生活处境得到改善。因此，比尔与梅琳达·盖茨基金会主要投资于那些政府和其他机构不能或不愿投资、对改善全球不平等有帮助、立足于长远的创新项目，如对一些致命感染性疾病疫苗的开发项目、农业新技术和新产品的研发项目等。自 2015 年至今，比尔与梅琳达·盖茨基金会捐助了 235 亿美元的慈善基金，同时获得了 285 亿美元的投资收益。项目投资收入占比增加，短期内超过捐助及其他收入，实现了从 2017 年的 18% 到 2021 年 69% 的迅速增长。

---

① Foundation facts: For the year ended December 31, 2021. Amount in U.S. dollars [EB/OL].[2022–11–27]. https://www.gatesfoundation.org.

（二）霍华德·休斯医学研究所

1. 成立宗旨

霍华德·休斯医学研究所（Howard Hughes Medical Institute）是美国一家非营利性医学研究所，由著名飞行员、工程师霍华德·休斯于1953年成立，是美国规模最大的私人资金资助生物和医学研究的组织之一。霍华德·休斯医学研究所成立的目的是促进基础科学领域进一步发展，主要针对医学研究和教育领域。

2. 管理机制与运行模式

霍华德·休斯医学研究所在董事会的整体指导下运作，有5个常设委员会：审计与薪酬委员会、提名与治理委员会、教育委员会、研究委员会及财务委员会。此外，霍华德·休斯医学研究所设立了3个咨询机构，分别是医学咨询组、科学评审组和生物伦理咨询组，成员由不同研究背景的著名科学家组成，如图3-15所示。

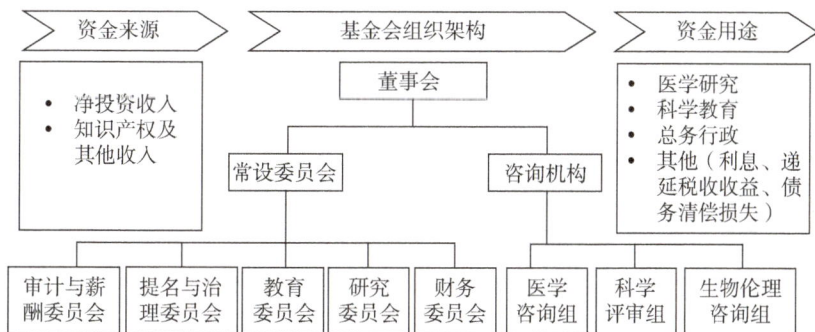

图3-15　霍华德·休斯医学研究所的资金流向及组织架构

（资料来源：课题组根据霍华德·休斯医学研究所官网资料绘制而成）

3. 捐赠对象

研究所主张"资助人而不是项目"。研究所的支出主要包括医学研究、科学教育、总务行政及其他（利息、递延税收收益、债务清偿损失）。研究所会对本所的基础研究活动提供资金支持，同时也向其他机构和个人提供资助，支持广泛的科学研究相关举措，包括大学预科和本科科学教育、博士前和博士后研究奖学金及国际研究活动。

4. 资金支出与来源

霍华德·休斯医学研究所的支出主要包括医学研究、科学教育、总务行政及其他（利息、递延税收收益[①]、债务清偿损失[②]）4 种。在支出当中，医学研究占比最大，从 2017—2021 年连续 5 年都占总支出的 70% 及以上。其中，2019 年支出最多，约 8 亿美元，但其占比较少，仅 77%；科学教育支出占比呈现波动变化，2017 年占总支出的 13%，2019 年下降到 5%，2021 年又增长到 7%，其中 2017 年支出最多，约 1 亿美元；总务行政支出基本呈现增长态势，2017—2021 年缓慢增长，支出数额均在 1 亿美元左右，占比基本维持在 10% 及以上；还有少量支出用于利息、递延税收收益和债务清偿损失方面，如图 3-16 所示。霍华德·休斯医学研究所在 2017—2021 年年均支出约 9 亿美元。其中，医学研究年均支出占比最高，占年均总支出的 76%，约 7 亿美元；总务行政占 11%，约 1 亿美元；科学教育占 9%，约 0.8 亿美元；利息、递延税收收益和债务清偿损失占比最小，占年均总支出的 4%，如图 3-17 所示。

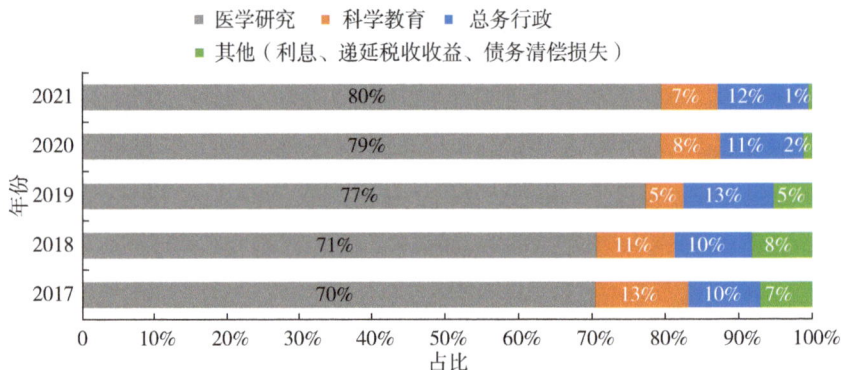

图 3-16　2017—2021 年霍华德·休斯医学研究所支出占比

[资料来源：霍华德·休斯医学研究所官网（https://www.hhmi.org）]

---

① 递延税收收益：递延所得税资产或负债当期发生额，资产是正收益，负债是负收益。
② 债务清偿损失：债务人根据法律的规定或合同约定履行自己的债务以解除债权债务关系的行为。债务清偿是企业负债经营过程的重要环节，是实现企业连续负债经营的前提。

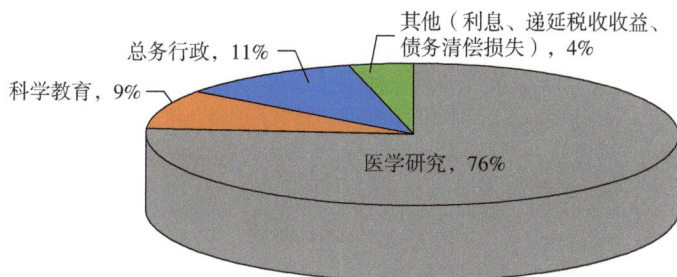

图 3-17 2017—2021 年霍华德·休斯医学研究所年均支出占比

［资料来源：霍华德·休斯医学研究所官网（https://www.hhmi.org）］

霍华德·休斯医学研究所的收入主要包括净投资收入和知识产权①及其他收入。其中，净投资收入在 2017—2021 年基本占总收入的 98% 以上，分别为 24 亿美元、18 亿美元、6 亿美元、17 亿美元和 67 亿美元，在 2019 年其占比下降到 85.9%，而知识产权及其他收入占比 5 年间基本维持在 1% 左右，只有 2019 年为 14.1%，如图 3-18 所示。2017—2021 年，霍华德·休斯医学研究所年均收入 27 亿美元，其中净投资收入占年均收入的 96%，约 26 亿美元；知识产权及其他收入占年均收入的 4%，约 1 亿美元，如图 3-19 所示。

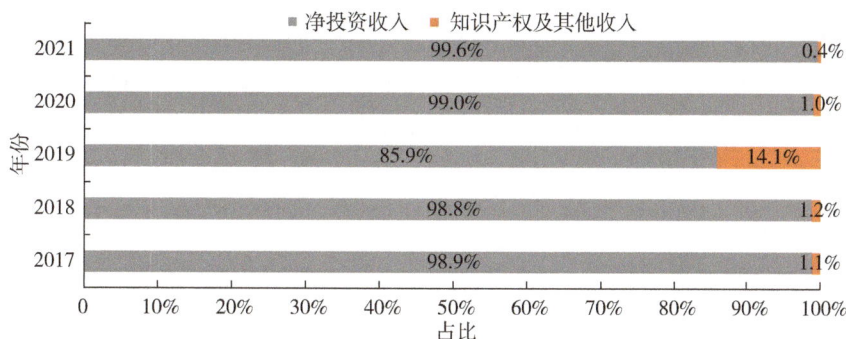

图 3-18 2017—2021 年霍华德·休斯医学研究所收入占比

［资料来源：霍华德·休斯医学研究所官网（https://www.hhmi.org）］

① 知识产权收入：研究所因其科学家创造的知识产权的商业化而获得版权费和专利使用费。版权费和专利使用费在合同条款规定的履约义务得到满足时，将作为收入记入合并活动报表。

知识产权及其他收入，4%

净投资收入，96%

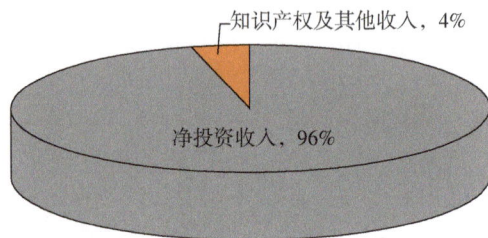

图 3-19　2017—2021 年霍华德·休斯医学研究所年均收入占比

[资料来源：霍华德·休斯医学研究所官网（https://www.hhmi.org）]

5. 特点分析

霍华德·休斯医学研究所的特点有 5 个方面：第一，重视医学投入，尤其重视医学和教育。霍华德·休斯医学研究所的主要宗旨和目标应该是促进基础科学领域（主要是医学研究和教育领域）内知识的有效应用及为人类造福。2017—2021 年研究所对医学研究的投入占比逐年增加，且连续 5 年支出占比最高。在医学领域，研究所正在增加对一些令社会不安的健康问题（包括艾滋病、心血管疾病、癌症和糖尿病）的研究，并与 60 多所美国杰出的大学、医院、研究机构和医学院校合作，为 300 多名霍华德·休斯医学研究所的科学家及其研究小组提供灵活长期的支持。许多霍华德·休斯医学研究所的研究人员都是美国国家科学院的成员，并且研究所已经支持了 30 多名诺贝尔奖获得者。在教育领域，霍华德·休斯医学研究所于 1987 年设立的科学教育计划是美国最大的私人资助教育计划。通过创新的科学教育计划，霍华德·休斯医学研究所力求加强从小学到研究生及以外的生物学和相关科学教育，并致力于扩大追求科学相关职业的人员队伍，以及为所有人提供更多参与科学研究的机会，包括女性及其他少数群体。第二，主要收入来源为净投资收入。2017—2021 年净投资收入占年均收入的 96%。第三，实行多方兼顾的资助模式，满足了生物医学发展的多层次需要。随着生物医学的不断发展，霍华德·休斯医学研究所对自身的资助模式进行调整。例如，除采取传统的研究员聘用制外，霍华德·休斯医学研究所开始尝试以直接支持研究项目、建立研究实体等方式拓展其研究功能，并明确表示将在今后的工作中进一步加强支持。第四，计划管理科学严格。霍华德·休斯医学研究所的计划管理具有严格而科学的管理架构和规章制度。在管理构架上，在基金会理事会的监督下，霍华德·休斯医学研究所由主席和若干分管不同业务的副主席负责日常管理。此外，霍华德·休斯医学研究所设立了3个咨询机构：医学咨询组、科学评审组和生物伦理咨询组，分别为霍华德·休斯医学研究所长期发展、资助计划制订、研究员挑选、滚动支持、生物伦理等事宜提供咨询等。第五，资助政策坚持以人为本。霍华德·休斯医学研究所倡导的资助方式是"资助人而不是项目"。霍华德·休斯医学研究所研究员计划和早期生涯科学家计划都是为了寻找杰出的科学家，支持他们发现并跟踪重要科学问题，并将自己选择的领域扩展到新的区间，发展新理论、新方法，而并非要求他们严格按照某研究计划的要求开展工作。

（三）西蒙斯基金会

1. 成立宗旨

西蒙斯基金会（Simons Foundation）1994年由数学家詹姆斯·西蒙斯创办，旨在支持为了解世界现象或发现驱动而进行的基础科学研究。

2. 捐赠对象

西蒙斯基金会以大学为主要捐赠对象，旨在通过个人慈善捐赠支持基础研究项目。西蒙斯基金会主要资助领域包括神经科学协作，外联、教育与活动参与，物理研究所，自闭症研究，生命科学，数学与物理学。

3. 资金支出与来源

西蒙斯基金会的支出主要包括项目支出、一般管理支出、已支付的赠款、赠款变动、其他（折旧、摊销与税息）5种。2019—2021年，项目支出占比超85%，分别为4亿美元（92%）、5亿美元（89%）和4亿美元（86%），如图3-20所示。2017—2021年西蒙斯基金会项目支出占比最高，年均支出占比达到61%；已支付的赠款占年均支出的25%；一般管理支出占年均支出的9%；赠款变动与其他（折旧、摊销与税息）占比较小，分别为3%和2%，如图3-21所示。在项目支出中，包含神经科学协作、自闭症研究、生命科学、数学与物理学、物理研究所，以及外联、教育与活动参与6项。数学与物理学在支出中占比相对稳定，2017—2021年维持在30%左右，变化不大；神经科学协作为2021年新增项目，占总项目支出的12.9%；物理研究所2017—2021年连续5年支出占比呈现增长趋势，从2017年不到1%，增长到2021年的11.5%，如图3-22所示。自闭症研究，生命科学和外联、教育与活动参与 5 年间的支出占比呈现波动变化。在 2017—2021 年的 5 年间，生命科学在西蒙斯基金会项目年均支出中占比最高，达到 35%；数学与物理学次之，占 31%；外联、教育与活动参与占项目年均支出的 15%；自闭症研究占 14%；物理研究所与神经科学协作占比较小，分别为 3% 和 2%，如图 3-23 所示。

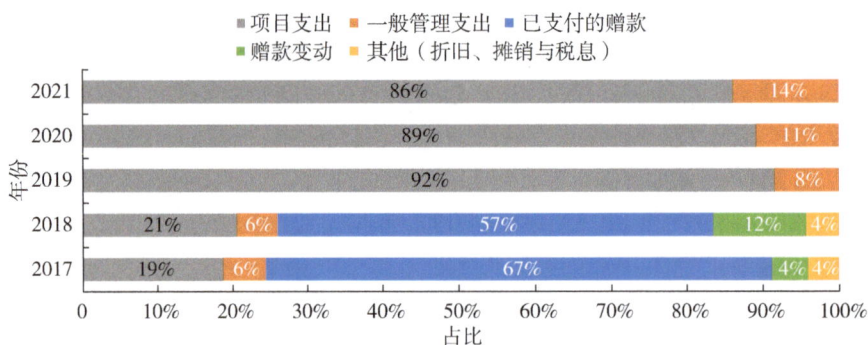

图 3-20　2017—2021 年西蒙斯基金会支出占比

[资料来源：西蒙斯基金会官网（https://simonsfoundation.org）]

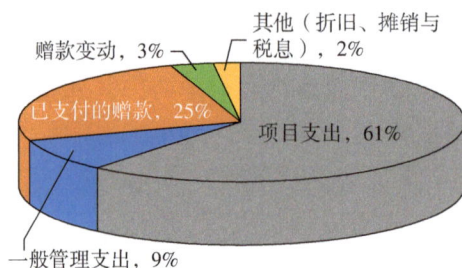

图 3-21　2017—2021 年西蒙斯基金会年均支出占比

[资料来源：西蒙斯基金会官网（https://simonsfoundation.org）]

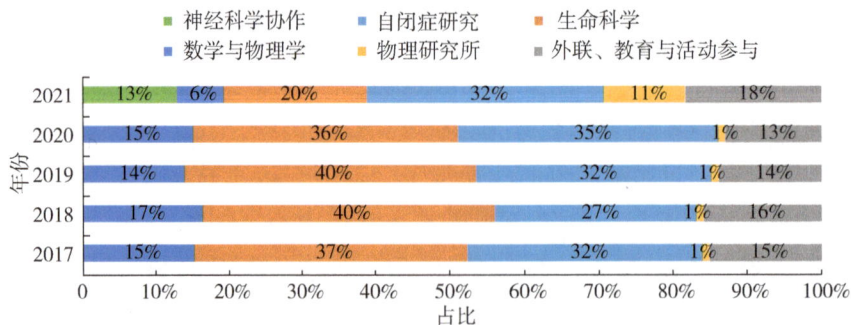

图 3-22　2017—2021 年西蒙斯基金会支出占比

[资料来源：西蒙斯基金会官网（https://simonsfoundation.org）]

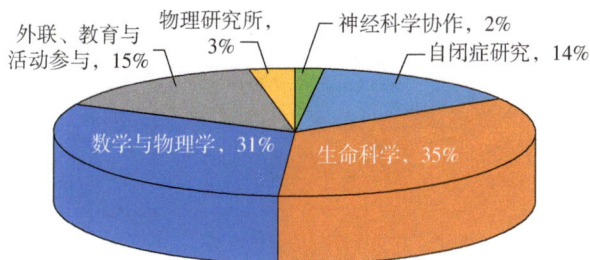

图 3-23　2017—2021 年西蒙斯基金会年均支出占比

[资料来源：西蒙斯基金会官网（https://simonsfoundation.org）]

　　西蒙斯基金会的收入主要包括捐款、投资回报和其他（租赁收入、其他项目收入）。其中，投资回报占比最大且 2017—2021 年大幅增长，从 2017 年的 66.8%（7亿美元）增长到 2021 年的 98.7%（12 亿美元），为 2017 年的 1.7 倍；而捐款占比大幅下降，2020 年几乎没有得到捐赠，2021 年得到的捐款占比仅为 0.9%。另外，还有租赁收入、其他项目收入，不过占比较少，2017—2019 年占比为 0，2020 年和 2021 年占比不超过总收入的 0.5%，如图 3-24 所示。2017—2021 年西蒙斯基金会的年均总收入为 7 亿美元，其中投资回报占比最高，超过 82%；捐款年均占比约17%，如图 3-25 所示。

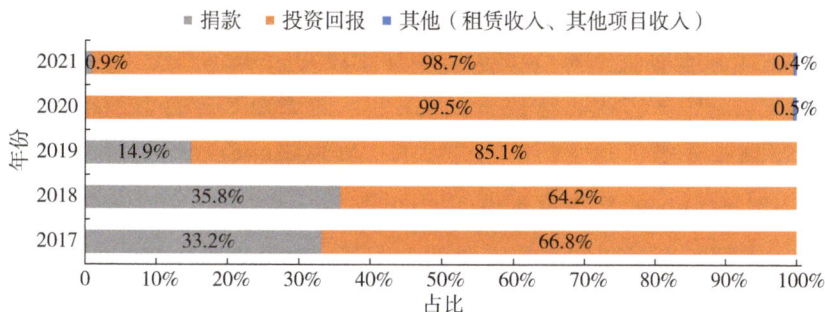

图 3-24　2017—2021 年西蒙斯基金会收入占比

[资料来源：西蒙斯基金会官网（https://simonsfoundation.org）]

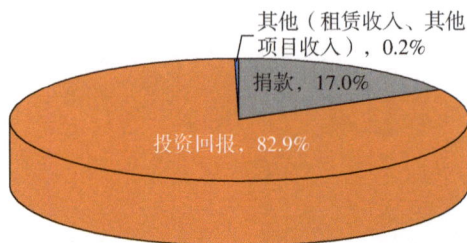

其他（租赁收入、其他
项目收入），0.2%

捐款，17.0%

投资回报，82.9%

图 3-25　2017—2021 年西蒙斯基金会年均收入占比

[资料来源：西蒙斯基金会官网（https://simonsfoundation.org）]

4. 特点分析

西蒙斯基金会的特点有 4 个方面：第一，西蒙斯基金会主要投资基础科学研究，尤其重视生命科学和数学与物理学研究，支持的项目包含生命科学、数学与物理学、自闭症研究等。2017—2021 年生命科学和数学与物理学两大领域的总投入都超过了该年项目总投入的 50%，在 2019 年和 2020 年，这两大领域的总投入在该年项目总投入中的占比高达约 71%。第二，西蒙斯基金会以大学为主要捐赠对象。对于生命科学及数学与物理学等基础研究领域的研究，西蒙斯基金会通过学术机构向个人研究人员及其项目提供赠款；而对于自闭症方面的研究，基金会选定科学家进行资助。第三，西蒙斯基金会以投资回报为主要收入来源。2017—2021 年，西蒙斯基金会的投资回报在当年总收入来源中的占比都超过 60%，尤其是 2020 年，投资回报在当年总收入来源中的占比高达 99.5%。第四，西蒙斯基金会增加了新的科研资助模式——西蒙斯合作组。在这种资助模式下，来自不同研究组（甚至不同领域）的科研人员就相应学科中的某一重难点问题同时进行深入研究，希望以此来推动这些问题的解决，为新的思想和方法的出现创造土壤，促进相关领域的发展。迄今为止，西蒙斯基金会一共支持了数学与物理学及生命科学领域的 23 个合作组。对合作组的资助每 5 年为一个周期，5 年之后会重新评估。

（四）陈扎克伯格基金会

1. 成立宗旨

陈扎克伯格基金会（Chan Zuckerberg Foundation）是陈扎克伯格倡议有限责任公司（简称"陈扎克伯格倡议"）下的慈善机构。陈扎克伯格倡议是 Facebook 创始人马克·扎克伯格和他的妻子普莉希拉·陈在 2015 年 11 月用于纪念他们小女儿陈明宇的诞生而创立的有限责任公司（创办该公司的主要目的是做慈善），旨在帮助解决社会上一些最棘手的问题,领域涉及消除疾病、改善教育、满足当地社区的需求,最终为每个人建立一个更加包容、公正和健康的未来。

2. 管理机制与运行模式

陈扎克伯格倡议向支持科学和教育的组织提供赠款,并直接向当地社区捐款。赠款可通过 3 种捐赠渠道授予——陈扎克伯格基金会、捐赠人建议基金、陈扎克伯格倡议倡导组织。陈扎克伯格基金会由专业的投资团队管理,以维持符合陈扎克伯格基金会使命的长期捐赠[①]。陈扎克伯格基金会的资金流向及组织架构如图 3-26 所示。

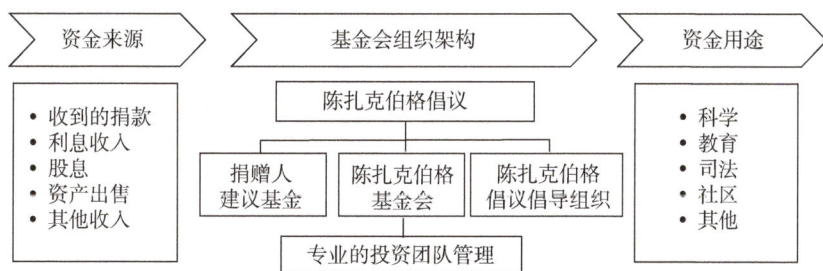

图 3-26 陈扎克伯格基金会的资金流向及组织架构

（资料来源：课题组根据陈扎克伯格倡议官网资料绘制而成）

3. 捐赠对象

陈扎克伯格基金会主要向科学研究、大学和教育计划捐款,也向参与教育、移民、低收入保障房的组织或团体提供捐赠。

4. 资金支出与来源

陈扎克伯格基金会的捐赠方向主要为科学、教育、司法、社区等[②]。2018 年,陈扎克伯格基金会只捐赠了教育、司法、社区 3 个方面,其中,司法领域占比最高,达到 41%,社区最低,为 27%。2019 年,它开始投入科学,其中 40% 的经费投入

---

① 资料来源：陈扎克伯格倡议官网（https://chanzuckerberg.com/grants-ventures/grants）。
② 同①。

该领域，教育投入比例最高，占 46%。这一年，陈扎克伯格基金会投入教育与科学领域的经费占比超过 85%。2020 年，它投入科学领域 5000 万美元，占比最高，达到了 35%，超过了教育（34%）的占比。2018—2020 年陈扎克伯格基金会支出占比如图 3-27 所示。2018—2020 年，教育是陈扎克伯格基金会年均捐赠最多的项目，占 37%；科学次之，占 25%；司法占 19%；社区占 18%；其他占 1%，如图 3-28 所示。

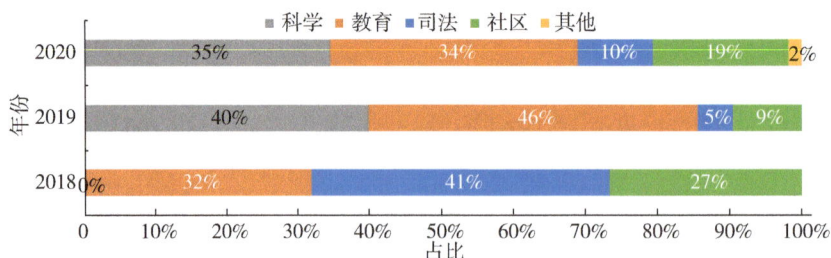

图 3-27　2018—2020 年陈扎克伯格基金会支出占比

[资料来源：陈扎克伯格倡议官网（https://chanzuckerberg.com/grants-ventures/grants）]

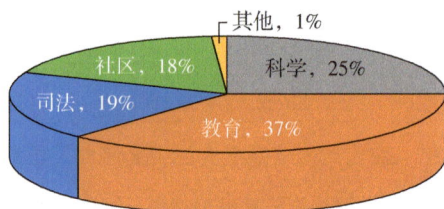

图 3-28　2018—2020 年陈扎克伯格基金会年均支出占比

[资料来源：陈扎克伯格倡议官网（https://chanzuckerberg.com/grants-ventures/grants）]

陈扎克伯格基金会的收入来源主要包括收到的捐款、股息、资产出售、其他收入[①]。2019 年（1 亿美元）到 2020 年（2 亿美元），陈扎克伯格基金会的总收入增长了 1 倍。2019 年，股息在当年总收入来源中的占比最高，达到 52%，收到的捐款次之，占 42%。2020 年，陈扎克伯格基金会的收入来源占比发生了较大的变化，资产出售占比最高，达到 64%，与 2019 年资产出售在总收入来源中的占比（4%）相比较，增长了 60 个百分点；收到的捐款次之，占 26%；而股息仅占 7%，与 2019

---

① 资料来源：非营利性组织探索者官网（https://projects.propublica.org/nonprofits/organizations/455002209）。

年股息在总收入来源中的占比（52%）相比较，降低了45个百分点。2019—2020年陈扎克伯格基金会收入占比如图3-29所示。在2019—2020年陈扎克伯格基金会收入来源的年均占比中，资产出售和收到的捐款占比最高，均达到34%；股息次之，在2019—2020年的收入来源年均占比中达到29%；其他收入占3%，如图3-30所示。

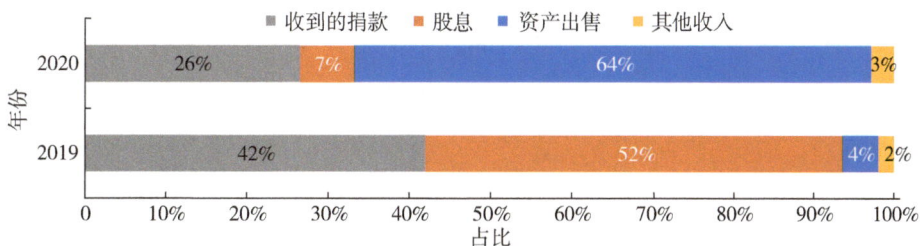

图3-29　2019—2020年陈扎克伯格基金会收入占比

[资料来源：陈扎克伯格倡议官网（https://chanzuckerberg.com/grants-ventures/grants）]

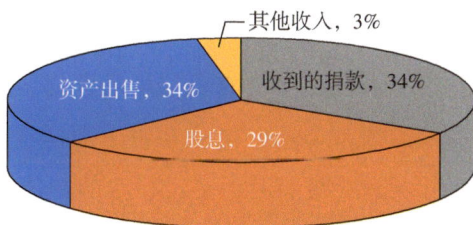

图3-30　2019—2020年陈扎克伯格基金会年均收入占比

[资料来源：陈扎克伯格倡议官网（https://chanzuckerberg.com/grants-ventures/grants）]

5. 特点分析

陈扎克伯格基金会的特点有4个方面：第一，陈扎克伯格基金会非常关注科学领域的捐赠，并且重视生物和生物医学方面的项目。对于科学领域的捐赠短期内超过教育捐赠，从2018年的0到2020年的35%，增长迅速。消除疾病是此基金会成立的宗旨之一，所以陈扎克伯格基金会非常重视生物和生物医学领域的捐赠，如新冠感染治疗、绘制人类肺细胞图谱、建立亚洲与非洲免疫细胞类型图谱等。第二，陈扎克伯格基金会主要以项目作为其捐赠对象。其投资团队会根据基金会的使命选择相应的项目，以实现基金会成立的宗旨和使命。第三，陈扎克伯格基金会由专业的投资团队管理，以此来维持符合其使命的长期捐赠。第四，陈扎克伯格基金会隶属陈扎克伯格倡议。陈扎克伯格倡议的赠款可通过3种捐赠渠道授予——陈扎克伯格基金会、捐赠人建议基金、陈扎克伯格倡议倡导组织。

（五）美国私人基金会捐赠途径的总体特征

美国私人基金会的运行机制相对完善，有成熟的管理运作团队，将先进的金融工具和经验应用于慈善捐赠领域。美国私人基金会的运行主要体现出以下特点。

第一，大部分私人基金会以"投资回报"作为收入的主要部分。许多私人基金会将成熟的金融工具用于公益事业，发展出以"项目相关投资"为代表的诸多新型慈善运作机制，如比尔与梅琳达·盖茨基金会近年来通过"项目相关投资"，在全球范围内推进其公益使命的尝试。2013年，比尔与梅琳达·盖茨基金会对一家小型生物科技企业安那卡药品公司投资500万美元，支持其开展针对罕见疾病药品的研发。此后两年半的时间，安那卡药品公司的市值从2亿美元激增至45亿美元，比尔与梅琳达·盖茨基金会售出大部分股票后，获利8000万美元，实现了基金会的资金增值。

第二，私人基金会通常会资助一些具有争议性的前沿科技领域。不同基金会的运作方式相对独立、自由，捐赠基金不必像联邦资金那样执行严格的财务公示，也无须考虑社会关注热点，可捐赠一些前沿、交叉、冷门的研究领域。

第三，私人基金会项目评审时，一般不太关注受资助者如何支配资金。私人基金会一般采用同行评议评审科研项目的方式，以决定是否予以资助。当前，同行评议主要用于如下几个方面：评审科研项目申请、评审科学出版物、科研成果的鉴定与评奖、评定学位与职称和评估科研机构的运作等。因此，科学家没有同行评议的压力。

第四，美国规模较大的基金会开始聘请具有丰富经验的管理团队，更加专业且高效地运作基金。各种基金会的运作方式不一样，有的只出资由其他机构运作项目，有的自己直接运营一些项目，因此运行经费并不相同。

三、美国激励慈善捐赠科学研究的政策和措施

美国很早就开始实施激励慈善捐赠的政策法规，并十分擅长运用减免所得税的激励方式引导个人和企业的捐赠行为。

（一）搭建多种平台引导个人和企业捐赠

美国政府设立了多种基金会、研发机构和对接平台，旨在促成社会力量投入慈善捐赠。

一是美国政府发起设立专门资助科学研究的基金会，并探索与捐赠者的不同合作关系。此类基金会部分经费来自联邦政府拨款，其他来自私人捐赠。私人捐赠根据捐赠金额大小等级可获得不同的权益。同时，这类专项基金会也可以与私人基金会合作，设立科学奖励、奖学金及资助计划，助力该领域的科研创新和科学家成长。

二是美国政府发起设立非营利性研发机构，吸收私人部门的共同投资与科学捐赠。此类非营利性研发机构聚焦于研究前沿技术领域，其研究经费主要由政府部门与企业共同承担，部分企业也会向社会发起募捐，并建立会员制度，捐赠资金和会员费都用于补充研究与建设经费。部分此类机构发展成熟之后，美国政府会逐渐减少投资直至该机构实现"自治"。

三是美国政府为企业投入基础研究提供公共科技资源的对接平台。美国联邦政府还通过资助非实体的产学研合作中心推动企业投入基础研究。此类对接平台的资金主要来自会员费，企业根据缴纳会费数额的不同，享受相对应的会员权益。

（二）以科学的税收优惠政策激励捐赠意愿

美国政府制定税收优惠政策以增加科学研究投入。1917 年，美国国会开始施行联邦税法，为慈善捐赠行为制定了一系列免税措施。税法规定，面向宗教、慈善、科学、教育领域的捐赠，可在纳税人应税净收入 50% 的范围内减免税收。

美国对不同类型的非营利性组织和捐赠都规定了不同的税收优惠，而面临较严格监管的公共慈善组织接受的现金捐赠可享受的税收优惠最大。个人和企业所享受的税收优惠待遇主要体现在所得税上。1969 年，为进一步规范慈善捐赠制度，美国出台税收改革法案，针对不同捐赠对象和不同捐赠主体调整了所得税扣除规则。从个人捐赠享受的税收优惠来看，个人通过慈善组织进行捐赠，如果是以现金的方式，捐赠可按调整后毛所得的 50% 扣除，但如果以非现金的方式进行捐赠，需按调整后毛所得的 30% 扣除，并且无论以现金方式还是非现金方式捐赠，都可以将超过扣除比例的部分向后结转 5 年扣除；如果个人通过私人基金会进行捐赠，按调整后毛所得的 20% 扣除，超过扣除比例的部分不可向后结转扣除；如果个人直接捐赠，按调整后毛所得的 10% 扣除，超过扣除比例的部分不可向后结转扣除。

从企业捐赠享受的税收优惠来看，企业通过慈善组织进行捐赠，按应纳税所得额的 10% 扣除，且超过扣除比例的部分可向后结转 5 年扣除；企业通过私人基金会进行捐赠，不得税前扣除；企业直接捐赠，按应纳税所得额的 10% 扣除，超过扣除比例的部分不可向后结转扣除。

除了所得税之外，个体在遗产税和赠与税方面也享受一定的优惠政策。1969 年，税收改革法案也对遗产税和赠与税进行了修订，提出若纳税人向公共慈善和宗教事业等方面符合国内税法典相关规定的组织进行遗产捐赠，可享受遗产税全额扣除的优惠。同时，美国的赠与税与遗产税是相匹配的，其税收优惠的内容与遗产税的规定类似，也是对于捐赠者的捐赠行为给予全额扣除的优惠，且无上限。因此，很多人愿意将自己的遗产捐赠于慈善组织，除了获得免除遗产税的优惠外，还能赢得较好的社会名誉。

（三）以"宽进严管"的管理方式扩大非营利性组织规模

美国采用"注册简化、监管严格、税收普惠"的管理模式促进非营利性组织规模的扩大，并呈现科研捐赠上升的现状。美国非营利性研发机构和基金会作为非营利性组织受益于宽松的支持政策。一是非营利性组织注册门槛较低。注册登记地在州政府，程序简单，法人形式不限。二是非营利性组织监管严格并有相应的惩罚措施。美国非营利性组织在获得免税资格之后并非一劳永逸，美国国税局每年会采取自查[①]和抽查[②]的方式对非营利性组织下一年免税资格进行确认。在这一过程中，如果美国国税局发现该组织存在违规行为，将会向该组织或利益关联人征收一定的惩罚性税收，并设置一个自我矫正期。在自我矫正期中，若该组织仍未改正其违规行为，美国国税局将会对其征收更重的惩罚性税收，剥夺其免税资格是终极惩罚措施。三是非营利性组织享受较多的税收优惠。美国国税局将非营利性组织的经营性活动划分为"相关"和"无关"两类，即来自"相关"活动的正常所得免征企业所得税，而"无关"活动所得正常纳税。此外，非营利性组织还可享受财产税、销售税和"失业税"免税等其他税收优惠。

---

① 自查：填写各种表格，如 990 表。
② 抽查：美国国税局每年会随机抽查 1% 或 2% 的基金会，尤其是私人基金会。

四、美国慈善捐赠的瓶颈与困境

美国慈善捐赠的困境主要集中在政府与非营利性组织之间的利益纠纷。近年来，美国慈善捐赠组织与政府之间的矛盾愈加明显。原本针对慈善捐赠的一些激励措施已很难调动起普通纳税人的捐赠意愿，"捐赠不平等"[①]现象日益严重，非营利性组织受政府牵制……这些因素都难以使非营利性组织充分发挥其在支持社会公共服务方面的作用。综合来说，美国慈善捐赠事业目前主要面临4个方面的困境。

（一）税法改革打击了中小型捐赠者的捐赠积极性

税法改革间接影响到人们的捐赠积极性，尤其打击了中小型捐赠者的捐赠意愿。2017年12月，美国总统特朗普签署并发布《减税和就业法案》，旨在通过减税等一系列措施为美国工人提供更多的工资和就业机会，但《减税和就业法案》中的某些举措在无形之中对美国的慈善事业造成了一定打击。《减税和就业法案》提出，将个人所得税标准扣除额由原来的6500美元提高至1.2万美元，这一政策调整不仅扩大了免税人群，也使得中低收入者得到了更多税收优惠，但从捐赠激励的角度来说，中低收入者的捐赠意愿是建立在能够通过捐赠行为获得税收抵扣这一优惠措施上的。随着政策调整，纳税人的应纳税额减少，同时也降低了其进行慈善捐赠的积极性，制约了税收优惠对慈善捐赠的激励效果，尤其是对于美国中产阶级和工薪阶层，更加难以调动其捐赠积极性。据相关专家预测，《减税和就业法案》的出台可能会抑制美国每年130亿~210亿美元的慈善捐赠。

（二）美国政府和非营利性组织利益纠纷阻碍慈善捐赠的发展

政府对非营利性组织存在剥削和利用行为，给非营利性组织带来很大的发展阻力。美国政府对非营利性组织的制约主要体现在两个方面：一是变相对免税的非营利性组织征税。尽管各州的法律都出台了对非营利性组织的相应免税政策，但在实际执行过程中，许多地方政府为吸纳资金、平衡预算，会以其他名义变相向非营利性组织收取费用；二是削减非营利性组织的活动开支。美国政府习惯雇用非营利性

[①] "捐赠不平等"指立法者限制了对中小型捐赠者的财政激励措施，同时保留对富人的财政激励措施。

组织向公众提供公共服务，但很多时候政府并不会向非营利性组织支付这些服务活动的真实成本费用，这使得非营利性组织不得不额外拿出资金弥补政府在公共服务方面的经费空缺。政府的这些行为增加了非营利性组织的运营成本，也削减了其资助经费，在一定程度上降低了非营利性组织的捐赠力量。

（三）非营利性组织政治化损害了其公信力

非营利性组织经常会成为美国政客们利用的工具。国会的政客们不断提出立法，将美国的慈善组织和教会政治化。他们的法案允许将数十亿美元未披露的政治竞选捐款伪装成慈善捐款，通过教会和慈善组织进行输送。约翰逊修正法案规定，希望享有免税或减税权利的慈善组织、礼拜堂和基金会等非营利性组织，不得支持或反对公职候选人的竞选活动，也不得将慈善资产用来影响非慈善捐赠领域的政治运动。虽然约翰逊修正法案一直试图阻止这种情况的发生。但是美国的慈善组织在某种程度上还是为政治服务的。

（四）低工资高压力导致非营利性组织劳动力短缺

美国的非营利性组织出现了劳动力短缺的现象。2021年秋季，美国全国非营利性组织理事会发布了一份在线调查，以衡量慈善组织劳动力短缺问题，并确定对其完成使命的影响。来自50个州的1000多个非营利性组织进行了回应。其中，16%的人表示岗位空缺率超过30%[①]。劳动力短缺的最主要原因是生活和工作成本增加，但限于政府政策和经济，非营利性组织本身无法提高工资水平和薪酬计划，工资水平难以与其他行业竞争，离职人员增多，致使劳动力减少。

---

① The scope and impact of nonprofit workforce shortages [EB/OL].(2021-12-13)[2022-11-27].https://www.councilofnonprofits.org/sites/default/files/documents/nonprofit-workforce-shortages-report.pdf.

第四章　我国科学研究社会捐赠的潜力

《慈善蓝皮书：中国慈善发展报告（2020）》指出，"科技向善"的理念更广泛地被国内一些大型高新技术企业接受，成为其企业价值观和发展战略的重要内容，企业已经成为社会捐赠投入科学研究的主要力量，引导高收入主体支持我国科技发展正当其时。同时，我国企业和个人等力量投入科研捐赠存在很大的发展潜力，体现在以下5个方面。第一，政策引领是未来科研捐赠的制度保障。我国近年来增加了对社会捐赠的政策支持等激励措施，有利于引导社会力量投入科学研究。第二，企业将是未来科研捐赠的中坚力量。我国企业的综合实力在不断增强，且其近年来的捐赠投入在增加，企业将为科研捐赠提供雄厚资本。第三，企业家个人捐赠将成为未来科研捐赠的强大后盾。企业家的个人财富不断积累，且其投入社会捐赠的意愿和能力在增强，他们当前的捐赠能力是今后其投入科学研究的保障。第四，多种捐赠方式为未来科研捐赠提供多元化的捐赠渠道。我国的捐赠途径在逐步增多：一方面，传统捐赠渠道增加，如基金会的数量和细分捐赠领域增多；另一方面，新型捐赠模式（如互联网捐赠）引领大众捐赠的行为将成为未来的趋势。第五，与国外发达国家相比，我国科研捐赠有较大发展空间。基于国际的横向比较，我国在科研捐赠金额及科研经费来源等方面仍存在上升空间。

一、政策引领是未来科研捐赠的制度保障

（一）国家政策的明确引导引领未来科研捐赠方向

我国国家政策明确引导社会捐赠投入科学研究，对未来科研捐赠进行方向引领。近年来，我国接连出台多项政策，鼓励科学研究投入渠道多元化，提出通过社会捐赠等方式引导社会力量加大科学研究投入。《国务院关于全面加强基础科学研究的

若干意见》（2018 年）提出"探索共建新型研发机构、联合资助、慈善捐赠等措施，激励企业和社会力量加大基础研究投入"。《新形势下加强基础研究若干重点举措》（2020 年）明确提出"鼓励社会资本投入科学研究，支持社会各界设立基础研究捐赠基金"。2015 年，民政部、国资委在《关于支持中央企业积极投身公益慈善事业的意见》中提到，中央企业主动投身公益慈善事业，通过公益捐赠、设立企业基金会、与慈善组织合作、开展志愿服务等多种形式，广泛开展救助灾害、救孤济困、扶老助残等活动和教育、科学、文化、卫生、体育、环境保护等事业。

近 5 年，针对科研捐赠的政策频繁出台，激励社会力量积极进行科研投入，并有针对性地提出科研捐赠的措施和方案，对未来社会捐赠持续、稳定地投入科学研究提供方向引领。

（二）慈善捐赠的法律法规为未来科研捐赠提供制度保障

1999 年发布并实施的《中华人民共和国公益事业捐赠法》与 2016 年发布的《中华人民共和国慈善法》是我国现行的两部与社会捐赠相关的法律，其中对科研捐赠均有所提及。2021 年修订的《中华人民共和国科学技术进步法》明确指出，国家鼓励社会力量设立的科学技术研究开发机构，在合理范围内实行科学技术资源开放共享，保障其合法权益，同时也提出"国家完善对社会力量设立的非营利性科学技术研究开发机构税收优惠制度"。同时，财政部、国务院等公告文件指出，允许企业对"目标脱贫地区的扶贫捐赠""新冠疫情捐赠"等特殊情况的捐赠实行全额税前据实扣除。这意味着未来对重大科研战略特殊领域进行捐赠，也有望实施特殊税收激励政策。

二、企业将是未来科研捐赠的中坚力量

我国社会捐赠的主要力量是企业，其捐赠总额达到社会捐赠总量的 60% 以上，且随着进入世界 500 强企业数量及其营业收入的增加，企业科研捐赠潜力不断增强。当前，中国慈善榜的慈善企业数量和捐赠金额均逐步提高，其社会捐赠主要集中在教育、医疗、扶贫等领域。但随着科技型企业的发展及国家对科技发展战略规划的制定，企业捐赠必将成为我国科研经费来源的中坚力量。

（一）我国进入世界 500 强的企业是未来科研捐赠的潜在力量

我国进入世界 500 强的企业数量在不断增加，且营业收入规模也在扩大，是未来科研捐赠的潜在力量，如图 4-1 所示。从我国进入世界 500 强的企业数量来看，2022年在《财富》发布的世界 500 强排行榜中，我国有 145 家企业上榜，数量位居各国之首，发展势头良好。我国上榜企业在 2019 年达到 129 家，首次超过美国成为上榜企业数量最多的国家，此后，中国企业上榜数量一路攀升，至今上榜企业数量已连续 4 年位居第一，并且与其他国家的差距不断拉大。从我国企业营业收入与世界 500 强企业的总体情况来看，2022 年《财富》发布的世界 500 强企业的平均营业收入为 756 亿美元，总资产为 3200 亿美元，净资产为 419.6 亿美元，而进入排行榜的中国企业平均营业收入达到 810 亿美元，总资产达到 3580 亿美元，净资产达到 432 亿美元，均超过世界 500 强企业的平均水平。同时，2022 年中国上榜企业的营业收入占到了世界500 强企业总营业收入的 31%，首次超过美国，美国占比为 30%。营业收入是《财富》世界 500 强排名的依据，我国企业由于营业收入高，更多集中在榜单前列。其中，在2022 年的榜单前 5 名中，3 家企业来自中国。综上可知，我国企业相较于世界 500 强企业，在数量、规模、营业收入等方面均处于较高的水平。

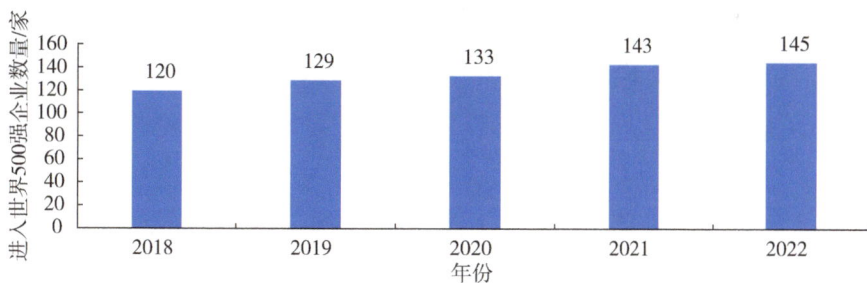

图 4-1　2018—2022 年中国进入世界 500 强的企业数量

（资料来源：《财富》世界 500 强排行榜）

我国世界 500 强企业的营业收入处于逐年递增的态势。从数额来看，根据"2022中国企业 500 强"榜单，共有 12 家企业营业收入超过万亿元，营业收入超过 1000亿元的企业数量增至 244 家，占比接近 50%。从增长率来看，2022 年中国 500 强企业营业收入实现较高速度增长，营业收入总额约为 102 万亿元，首次突破百万亿元大关，比上年增长约 14%（图 4-2）；资产总额为 373 万亿元，比上年增长 8%；

同时，"2022 中国企业 500 强"营业收入入围门槛已经提升至 446 亿元，增长了 14%，使得 2022 年成为榜单自发布 20 年以来入围门槛绝对值提高最多的一年。此外，目前我国 500 强企业的营业收入总规模已经与美国 500 强企业基本相当，2022 年我国 500 强企业的营业收入总规模已经达到了美国 500 强企业的 98%。由此可见，我国企业近年来的发展势头良好，其捐赠能力逐渐增强。

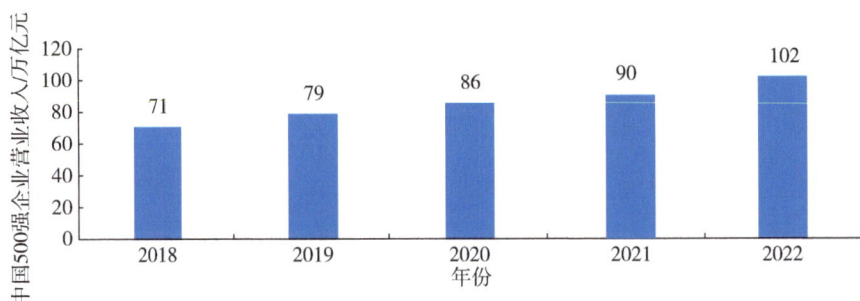

图 4-2　2018—2022 年中国 500 强企业营业收入

（资料来源：2022 年 9 月中国企业联合会和中国企业家协会最新发布的"2022 中国企业 500 强"榜单及《中国 500 强企业发展报告》）

　　综上所述，我国综合实力强的企业数量在增多，且单个企业的整体实力也在增强，意味着这些企业有盈余投入社会捐赠，实现其社会责任。这些企业具有很强的资本储备和捐赠能力，是未来科研捐赠的重要力量。

（二）中国慈善榜上榜企业是未来科研捐赠的中坚力量

　　中国慈善榜中的企业数量和捐赠金额均逐步提高，捐赠能力的提升使得上榜企业将成为未来科研捐赠的中坚力量。近年来，我国参与捐赠的企业数量和捐赠金额均在持续增加，我国企业的捐赠参与度很高。2021 年，中国慈善榜的上榜企业达 1108 家，合计捐赠约 227 亿元，2022 年上榜企业达 1511 家，合计捐赠约 240 亿元 ①。说明我国企业捐赠的参与度逐渐提高，企业捐赠群体不断壮大，捐赠金额也逐渐增加。如果这些企业未来将其中更多的捐赠额用于科学研究，那么它们将成为科研捐赠的中坚力量。

---

① 　资料来源：第十八届（2021）中国慈善榜、第十九届（2022）中国慈善榜。

（三）企业逐渐增强的捐赠意识为未来科研捐赠提供不竭动力

企业越来越意识到履行社会责任的重要性，社会责任是企业利益和社会利益的统一，企业承担社会责任的行为是维护企业长远利益、符合社会发展要求的一种互利行为。社会捐赠是企业社会责任的重要表现形式，企业积极参与社会捐赠，不仅能够履行其社会责任，也能提升企业的知名度。因此，这种日益增强的捐赠意识是未来科研捐赠的不竭动力。

企业捐赠意识主要体现在对于重大突发公共事件和国家急需资助领域进行捐赠的主动性和积极性。企业在我国面对重大突发公共事件时，能够快速响应，并集聚多方力量，通过捐钱捐物等方式积极进行公益捐赠。2020 年对所有企业来说都是艰难的一年，但企业拿出了更高比例的资金和预算去支持社会捐赠公益事业。2020 年，中国慈善榜的前 50 家上榜企业公益捐赠金额总计 203 亿元，相当于当年全国社会组织捐赠总收入的 20%。其中，房地产行业和互联网行业公司表现突出，两个行业的总捐赠额和平均捐赠额都高于其他行业。2021 年参与新冠疫情防控的企业占比增多。中国慈善榜上榜企业中，有 686 家针对新冠疫情防控进行了捐赠，捐赠总额达到 94 亿元，还有 38 家企业的 13 亿元捐赠用于医疗卫生领域。2021 年河南发生洪灾，中国慈善榜上榜企业积极捐款捐物。可见，企业在自身获得高速发展和成长的同时，社会捐赠意识也逐步提高。

企业对重大民生领域进行积极捐赠，具备较强的为国分忧和为人民解困的家国情怀。近年来，我国企业响应国家人才强国战略和打赢脱贫攻坚战的战略，在教育助学活动与脱贫攻坚领域积极捐赠，既协助解决重大民生问题，也充分展示了企业的家国情怀和担当使命精神。

综上所述，企业积极为重大突发公共事件捐赠，甚至在其亏损情况下仍然对急需资助领域进行捐赠，说明企业已经具备了较高的社会责任感和捐赠意识，能够为国家未来急需的科研领域进行积极捐赠。

三、企业家个人捐赠将成为未来科研捐赠的强大后盾

我国社会捐赠的主要力量除了企业还有个人，个人捐赠总额达到社会捐赠总量的 20% 以上，且随着捐赠人数量及其财富总额的增加，个人捐赠潜力也在不断加强。随着国家对科技创新领域的重视，个人，尤其是企业家，投入科学研究的行为也在

增多，并有望在未来发挥出巨大的作用。

（一）我国企业家是未来科研捐赠的有生力量

我国企业家个人财富不断积累，整体实力不断增强，是未来科研捐赠的有生力量。根据福布斯中国内地富豪榜，企业家个人财富超 1000 亿元的人数在不断攀升，由 2018 年的 8 位增长到 2019 年的 11 位，在 2020 年和 2021 年更是达到了近 30 位的水平。2020 年福布斯中国内地富豪榜入围门槛为 15.5 亿美元，同比 2019 年增加了 5.5 亿美元。此外，我国企业家首富的资产也在 2020 年实现了大幅增长，首次突破 4000 亿元，比上年增长超 60%。以企业家个人财富增长最为显著的 2020 年为例，福布斯中国内地富豪榜中的 400 位富豪总财富达到了 2.11 万亿美元，同比 2019 年增加了 0.82 万亿美元，榜单中近 2/3 的富豪在过去一年中的财富都有所上涨。对比我国近年来企业家慈善捐赠的情况来看，随着我国企业家个人财富的累积，他们的捐赠能力也会不断增强。

（二）企业家个人捐赠行为为未来科研捐赠提供更大发展空间

我国企业家个人捐赠行为在逐年增多，且其捐赠力度在逐年加强。2021 年胡润百富榜上榜企业家的平均财富已经超过 100 亿元，中国"亿级慈善家"达到了 39 位。此外，2021 年中国捐赠百杰榜共有 104 人上榜，捐赠总额达 697 亿元，无论是上榜门槛，还是榜单总额、亿元捐赠人数，均创中国捐赠百杰榜历史新高。另外，39 位中国最慷慨慈善家的总捐赠额是胡润百富榜前 39 位上榜企业家总财富 6.5 万亿元的0.5%。近 10 年来，胡润百富榜上榜企业家的总财富涨了 5 倍，胡润慈善榜捐赠过亿元的企业家人数只翻了一倍，可见，相比财富创造的速度，慈善捐赠还有很大的发展空间。值得一提的是，2021 年胡润百富榜排名前 10 的企业家中有 3 位的慈善捐赠金额同时排在前 10 名，企业家的捐赠意识在逐渐提高。

（三）企业家个人捐赠领域体现了其责任担当和爱国情怀

企业家个人捐赠领域适应国家的发展战略，体现了企业家的社会责任担当。多年来，教育一直是胡润慈善榜上榜企业家第一大捐赠方向。2021 年，教育领域捐赠特别多。此外，在新冠疫情的影响下，医疗领域捐赠人数明显上升。而在中国脱贫攻坚决胜阶段，这几年扶贫领域的捐赠人数也在不断上升。科学研究领域接受捐赠额度不断增加，北京大学、复旦大学、厦门大学等 10 所大学在 2021 年接受胡润慈善榜慈善家捐赠都超过 1 亿元。值得一提的是，2021 年产生的较大笔教育捐赠包括：徐航捐赠 10 亿元支持上海世界顶尖科学家发展基金会；中公教育捐赠 10 亿元为母校北京大学设立教育发展基金；许健康公益基金会捐赠 5 亿元支持复旦大学国际医学中心项目建设；等等。这些捐赠资金均用于支持科研人才培养与科学研究发展，体现了我国企业家的爱国情怀和责任担当，较强的捐赠意识也将成为其科研捐赠的巨大动力。

四、多种捐赠方式为未来科研捐赠提供多元化的捐赠渠道

尽管我国尚未建立完善的科研捐赠渠道，但我国社会捐赠的途径在不断拓宽，民间慈善机构逐步参与到社会捐赠中。一是互联网等行业在积极倡导捐赠文化和提升捐赠意识。基金会作为我国社会捐赠最主要的实施主体，参与了 70% 以上的社会捐赠行为，随着我国科技型企业的增多，新成立的基金会也在加大对科学研究的投入。二是互联网平台针对国内的各种重大突发公共事件积极进行公益捐赠。近年来，互联网慈善成为全民慈善的重要捐赠渠道，这一新型捐赠模式的出现及发展，将有利于公众捐赠意识的形成，进而有利于我国社会公益事业的长足发展。

（一）基金会投入科学研究的捐赠金额呈逐渐上涨趋势

随着我国创新型企业数量的逐渐增多及其实力的逐渐增强，其通过设立基金会来增加科研捐赠投入的行为也在不断增多。腾讯公益慈善基金会（简称"腾讯基金会"）作为我国科研捐赠投入较多的企业基金会之一，在 2007 年成功注册为全国性非公募基金会，是中国第一家由互联网企业发起的公益性基金会。从腾讯基金会的捐赠收入来看，基金会每年 95% 的捐赠收入均来自腾讯集团及集团内部子公司。截至 2020 年 12 月 31 日，腾讯基金会累计接收腾讯公司的捐赠约 63.75 亿元。从腾讯基金会的支出结构来看，在每年的捐赠支出中会有超过 85% 用于公益慈善事业，累计捐赠支出约 46.23 亿元。值得一提的是，科技发展在腾讯基金会的捐赠支出中排第 4 位，且年捐赠金额有逐步提高的趋势，从 2019 年的不足 500 万元不断涨至 2021 年的 1147 万元，足以说明该基金会对科学研究的重视程度在不断提高（图 4-3）。

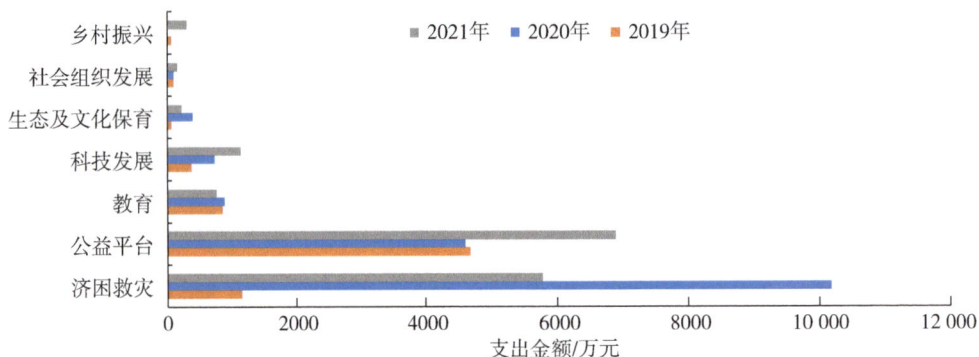

图 4-3　2019—2021 年腾讯基金会重大公益慈善项目支出

（资料来源：腾讯基金会官网发布的 2019—2021 年的年度工作报告）

（二）互联网捐赠形式将成为公众捐赠的重要渠道

　　互联网捐赠的法制化与规范化建设能够为公众的捐赠行为提供政策支持，保障网络捐赠的快速发展。近年来，相关部门陆续制定了《公开募捐平台服务管理办法》《慈善组织互联网公开募捐信息平台基本技术规范》《慈善组织互联网公开募捐信息平台基本管理规范》等行业规范，为互联网慈善平台的运营监管和互联网慈善法制化的推进提供了政策支持。新冠疫情更是加速了公益行业与互联网技术的融合。例如，部分公益慈善机构借助互联网进行宣传、募款和执行项目，从而使我国互联网慈善的工作效率得到跨越式的提升。另外，随着我国互联网慈善已经进入法制化、行业化的新阶段，公众的慈善意识也得到培养和加强，互联网捐赠文化和公众捐赠意识普遍增强，全民捐赠氛围也逐渐形成，为我国未来科研捐赠提供了良好的社会环境。

　　互联网捐赠逐渐成为公众捐赠的有效渠道，中国的社会捐赠也逐渐步入新的阶段，各类互联网公益性捐赠平台不断增加。例如，腾讯基金会以支持行业发展、倡导捐赠文化为重要方向，以腾讯公益平台为关键路径，使腾讯公益平台逐渐成为国内筹款数量最多、支持公益项目最多、品牌影响力最大的互联网公开募捐的信息平台之一。截至 2020 年 12 月 31 日，腾讯公益平台累计支持国内超 95 000 个公益慈善项目进行公开募捐，累计筹款总额超过 115 亿元，在民政部认定的 20 家同类平台中排名第一。可见，互联网平台与全社会的捐赠力量正逐步形成良好的协同效益，可为日后科研捐赠依托互联网平台开展网络募捐等活动提供重要渠道和有效路径。

五、与发达国家相比我国科研捐赠有较大发展空间

国外非营利性组织投入科学研究的经费金额较高并逐年增加。以美国、英国、法国和日本为例，2016—2019 年美国的非营利性组织投入科学研究的金额均在 200 亿美元以上，且呈现出逐年增加的趋势（图 4-4）。投入金额排名第二的是日本，其 2016—2019 年投入金额均在 20 亿美元以上，呈现出波动增加的趋势。之后是英国与法国，其 2016—2019 年投入金额年均也有约 10 亿美元，而我国科研捐赠的年均投入金额仅有 3 亿美元。

图 4-4　2016—2019 年部分国家非营利性组织投入科学研究的金额及占科学研究经费的比例

［资料来源：OECD 数据网站（http://oecd.stata.gov）］

国外非营利性组织投入科学研究的经费占比较大。2019 年，美国是非营利性组织科研捐赠比例最高的国家，占了科学研究经费的 4% 左右，英国次之，其比例超过 2%。而我国的科学研究经费来源中，社会捐赠没有相关数据，笼统地涵盖在"其他资金投入"（3%）部分。可见，在我国的科学研究经费来源中，社会捐赠金额很低，其科研捐赠占科学研究经费比例具有较大的增长空间。

第五章　激励科学研究社会捐赠的政策措施

近年来，党中央、国务院多次提出要建立科学研究多元化投入机制，如党的十九届五中全会提出要"加大研发投入，健全政府投入为主、社会多渠道投入机制，加大对基础前沿研究支持"。我国当前的科学研究投入仍然以中央财政为主，企业、个人等社会捐赠的资金对科学研究的投入在逐步提高，但尚未形成规模。因此，激励科研捐赠多元投入，发挥社会公众的力量，才能为科学研究稳步发展提供保障。

当前，我国要激励社会捐赠投入科学研究，首先是通过增加社会捐赠对科学研究的投入比例、提高公众科研捐赠意识与制定税收优惠激励等措施来激活社会捐赠投入科学研究的动力，同时以基金会为抓手，成立不同投入形式、面向不同主体资助的多种类型的基金会并简化捐赠程序，进而拓宽社会捐赠投入科学研究的有效渠道。

一、增加社会捐赠中投入科学研究的比例

目前，我国科研捐赠的金额和立项均较少，在社会捐赠的总投入中占比极低。2016—2019 年，我国社会捐赠体系中"科学研究与倡导"的年均捐赠金额为 22 亿元，占社会捐赠接受总金额的 1.5%，而教育领域这 4 年年均接受捐赠金额为 423 亿元，占比达到 31%。此外，2020 年，我国基金会共立项 44 630 个项目，其中 39% 的项目是投入教育领域，而科学研究项目仅占 5%[1]。这两组数据共同反映出社会力量对科学研究捐赠的投入极少。

---

[1]　基金会中心网全国各省基金会概况 (2021)[EB/OL]. [2022–12–03].https://www.foundationcenter.org.cn/report/content?cid=20220517132924.

以 2019 年为例，我国慈善捐赠总额中投入科学研究的金额为 30 亿元[①]，我国 R&D 投入总额为 22 144 亿元[②]，占比为 0.1%，而在我国的 R&D 经费来源中，其他资金的投入为 696 亿元[③]，占比为 3%。其中，社会捐赠总额是其他资金来源的一部分。而 2019 年，美国的非营利性组织投入金额占其 R&D 投入总额的 4%，高于我国的社会捐赠投入比例。因此，未来我国应该增加科研捐赠的投入比例，在 5 年内实现科研捐赠占 R&D 投入总额的 3%，在 10 年内达到 5%。

二、提高社会公众的科研捐赠意识

捐赠意识是推动科研捐赠事业发展的原动力，而目前我国社会力量捐赠科学研究的意识仍比较薄弱。一方面，社会公众没有形成科研捐赠的理念。社会捐赠的传统捐赠领域在助学、助困、重大突发公共事件等方面，可以通过集体组织、在线捐赠等渠道进行公益慈善捐赠活动，而社会公众对于科学研究的重要性认识不足，尚未形成投入科研捐赠的意识。另一方面，由于突发的新冠疫情，社会力量部分投入医疗健康领域，对其他领域的投入相对减少。2019 年医疗健康投入金额为 272 亿元，2020 年医疗健康投入金额为 710 亿元，增加了将近 2 倍，这也反映了我国社会力量的资助通常偏向于解决当下即时的问题，由于这类问题与每个人的生活息息相关，并且公众比较容易感受到其紧迫性，因此会主动进行捐赠。所以，我国应从加快开展企业和个人科研捐赠意愿及需求调查、加强科研捐赠重要性与途径宣传方面不断提高社会公众的科研捐赠意识。

（一）加快开展企业和个人科研捐赠意愿及需求调查

开展企业和个人科研捐赠意愿及需求调查，有利于了解企业和个人投入科研捐赠的意向和瓶颈。纽约梅隆财富管理公司对财富在 500 万 ~ 2500 万美元的 200 名美国人进行了调查，发现排名前三的激励因素是个人满意度、与某个事业或组织的联系及对于社会的责任感，且这些数据每年都非常一致。参照此经验，我国应加快

---

① 中国慈善联合会 . 中国慈善发展报告 [R]. 北京：中国慈善联合会，2019.

② 科技部 . 2019 年全国科技经费投入统计公报 [R]. 北京：科技部，2019.

③ 国家统计局社会科技和文化产业统计司，科学技术部战略规划司 . 2020 中国科技统计年鉴 [M]. 北京：中国统计出版社，2020:11.

对不同资产等级企业和个人科研捐赠意向及需求调查，挖掘其能够投入科研捐赠的潜力，进而有效地鼓励企业和有能力的个人开展科研捐赠。

（二）加强科研捐赠重要性与途径宣传

前文已有数据充分表明，当前我国社会公众对于科研捐赠的概念仍非常模糊。因此，一方面，要向公众普及科研捐赠的重要性，从大力宣传我国科技发展和科研领域进步存在重大意义的角度出发，同时就当前面临的"卡脖子"技术、原始创新突破等困境唤起公众的爱国情怀和捐赠意愿，以期形成良好稳定的科研捐赠氛围；另一方面，要大力宣传科研捐赠的途径，建立和拓宽科研捐赠的引导渠道，借助互联网慈善等新型捐赠模式，为公众科普科研捐赠重要性的同时，增加科研捐赠渠道。

三、通过冠名和针对性税收优惠等方式激励科研捐赠的积极性

科学研究的高质量发展，离不开科研捐赠持久的、连贯的动力源建设，然而我国现有激励措施引导社会力量投入科学研究捐赠效果不显著。我国当前仍缺少专门针对科学研究捐赠的税收优惠政策，国家已出台的部分公益性捐赠税收优惠政策在给予科学研究捐赠税收激励时界定难、实施难，激励效果不明显。在 2022 年最新出台的《财政部 税务总局关于企业投入基础研究税收优惠政策的公告》中，企业投入基础研究可按 100% 在税前加计扣除，大大提高了优惠力度，但是适用范围局限于企业主体与基础研究领域，没有明确关于科研捐赠的税收优惠政策。总之，激发社会各界参与科研捐赠的积极性至关重要。目前，通过冠名和针对性税收优惠等方式激励科研捐赠的积极性是较为有效的方式。

（一）捐赠者冠名联合基金为其提供荣誉感

借鉴希望小学等教育捐赠的项目实施经验，科研捐赠管理机构要进一步出台具体的捐赠冠名管理办法，为捐赠投入国家科学研究的企业和个人提供基金、项目和成果等冠名的机会，增强其荣誉感，褒奖其社会贡献的行为，也能起到引领和塑造社会主流价值观中以捐赠行为投入科学研究的风尚。

（二）加快制定针对性科研捐赠税前优惠政策

通过专项税收优惠政策加大个人和企业科研捐赠的力度，形成全面、系统、精准的科研捐赠税收优惠激励政策体系。科技部门要联合民政部门基于科学研究捐赠的特点与过程、基金等实际情况协商出台科学研究捐赠专项税收优惠政策，不仅要提高社会力量投入科学研究捐赠的税收优惠力度，引导更多捐赠基金投入科学研究，还要在政策中对不同社会力量主体的优惠方法进行明确，使得科学研究捐赠税收政策法律化、规范化、体系化。

四、成立多种形式科学研究捐赠专项基金会

我国科研捐赠的途径单一、渠道不畅通。一方面，我国基金会成立门槛过高，尤其是非公募基金会。我国基金会主要分为公募基金会和非公募基金会两种类型，全国性公募基金会的原始基金不低于 800 万元，地方性公募基金会的原始基金不低于 400 万元，非公募基金会的原始基金不低于 200 万元；原始基金必须为到账货币资金。另一方面，当前我国社会捐赠中超过 70% 的捐赠行为是由基金会和慈善会实施的，我国高水平科研基金会仍属空白，在设立前期面临业务主管单位难寻、审批困难等问题，后期面临推进缓慢、监管不完善、惩罚措施基本空白等问题。因此，成立多种形式的科学研究捐赠专项基金会，首先要降低科研专项基金会成立门槛，同时基金会要有针对性地专项支持科研项目或科学家等。

（一）降低科研专项基金会成立门槛

我国当前非公募基金会的原始基金要求不低于 200 万元且必须为到账货币资金，而美国对于基金会成立的原始基金要求是 10 美元起步并且无限制。未来，我国应进一步完善基金会管理，对各专项基金会成立的门槛进行统一规定。同时，对不同性质基金会的成立门槛、申请流程与条件进行明确说明，降低科研专项基金会的成立门槛，吸引多类型企业投入科研捐赠。

（二）设立面向科研捐赠的专项基金

我国应设立专门用于资助科学研究的基金，并加大对基金运营与资助的宣传。

以政府提供税收优惠等相关措施，鼓励企业以社会捐赠形式全额投入联合基金的设立。例如，设立国家产业基础研究联合基金，该基金为资助科研公益型基金，由企业向基金投入资金，各高校、科研院所、企业科研单位可申请基金对科学研究项目给予一定的支持与资助，所产生的项目成果向全社会公开并共享。

（三）鼓励科研捐赠支持优秀的科学家

我国要以多种形式引导和激励社会力量投入科学家专项基金，对优秀科学家和团队给予连续和长期的资助，加大对创新群体的支持力度，以稳定培养创新学术团队，造就一批具有国际竞争力的研究队伍。一方面，科学家专项基金要增加资助科学家的数量。我国 2005—2022 年获评"杰青"的总人数达到 3957 人，年平均资助人数为 200 人。同时，"杰青"项目结束后，这些科学家仍需要资金继续自己的研究。科学家专项基金将为我国数量庞大的科学家群体得到长期、可持续的资金资助提供保障，使其专心于科学研究。另一方面，科学家专项基金要拉长对优秀科学家的资助时间。"杰青"项目与"新基石研究员项目"对科学家的支持时间仅为 5 年，若科学家要继续研究便只能重新寻求资助。科学家专项基金应拉长资助时间，同时允许相关学科基础研究产出后延甚至失败。适当延长项目执行期和产出评估年限，为突破性技术的出现留足时间。

五、简化科研捐赠程序

目前，我国科研捐赠的程序较为烦琐，使得部分捐赠主体望而却步。一是我国现有的自然科学基金资助体系是以项目进行划分的。例如，面上项目、重点项目、青年科学基金项目等，评审程序烦琐，从项目接收到审查和评审周期较长。二是当前我国缺乏对科学研究捐赠款项的专业化管理和分配，尽管已有部分企业率先发挥引领作用，但其数量较少，尚未形成规模，难以通过捐赠为重大原始创新项目和探索性科技领域提供稳定的支持。

因此，我国急需简化科研捐赠程序，解决科研捐赠程序繁、捐赠难等问题。建议放宽科研基金会的登记政策，在北京、上海、广东、浙江等经济发达、已开展直接登记制度的地区，进一步简化科研基金会登记程序，不限法人形式，且政府有关部门可率先搭建对接平台，引导社会资金投入科学研究。同时，科研基金会需要将自己的资金来源、使用情况、年度财务报告等公布出来，接受政府、公众和基金会行业的监管。科研基金会也需要完善惩罚措施，制定相应税收罚则，以便规范基金会的行为。

附　录

附录 1　科学研究社会捐赠相关概念的界定

概念	定义	来源
捐赠	从法律的角度来看，是一种特殊的赠与行为，指一方将自身合法财产单方面无偿转移给另一方的民事行为。 从经济学的角度来看，捐赠是指一种货币收入或财产单向流动或流程的市场性及再分配的经济行为。	尹琳. 中国公立高校社会捐赠的经济学分析 [D]. 济南：山东大学，2008.
社会捐赠	指捐赠人包括法人实体、自然人等自愿将其所有的财产无偿转让给受赠方处理或者管理使用的行为，具有非交易性、非行政性等特点。	蒋泉，刘思峰. 关于中国高校社会捐赠的研究 [J]. 高等教育研究学报，2007(4): 43–45.
	是个人、营利组织和非营利组织向社会提供公共产品和公共服务的重要方式。	罗公利，杨选良，李怀祖. 社会捐赠与大学发展：中美大学社会捐赠的对比分析 [J]. 高等教育研究，2006(1): 99–104.
	指捐赠人为了资助公益事业，自愿将其所有的财产赠与受益人处分或公益性组织管理使用的行为。	滕炜. 社会捐赠在我国高等教育发展中的作用与问题研究 [J]. 长春工业大学学报 (高教研究版)，2010, 31(2): 11–13.

概念	定义	来源
公益捐赠	指自然人、法人或者其他组织，自愿、无偿地向依法成立的公益性社会团体和公益性非营利的事业单位捐赠财产的行为。	《中华人民共和国公益事业捐赠法》
慈善行为	指行善者不问物质回报地给予有需要的社群或者个体帮助或者赞助的利他行为。	刘东锋.试论慈善行为的发生[J].管子学刊，2013(2): 74–76.
上市公司捐赠	指企业以自己的名义自愿无偿地将其有权处分的合法财产赠送给合法的受赠人用于与生产经营活动没有直接关系的公益事业的行为。	《财政部关于加强企业对外捐赠财务管理的通知》（财企〔2003〕95号）
教育捐赠	指一种为支持教育事业发展，个人或组织以非营利的方式自愿向教育机构进行财产赠予的单向流动行为。	黎莹.我国高等教育捐赠现状、问题及对策研究[D].长沙：湖南师范大学，2015.
高校社会捐赠	指用于高等教育发展与运行的、来自社会捐赠收入的资金，即捐赠人自愿将自己的财产赠与高等学校，并由高等学校进行支配和使用，以促进高等学校自身发展的行为。	樊爱琴.美、英两国高等教育社会捐赠机制对我国的借鉴与启示[D].西安：陕西师范大学，2010.
	是捐赠主体为了资助某项高等教育事业，自愿地以非营利方式将其所拥有的财产赠与教育机构管理使用的行为。	高曼.中美高等教育社会捐赠比较研究[D].新乡：河南师范大学，2012.

附录 2　我国社会捐赠投入科学研究的政策法规

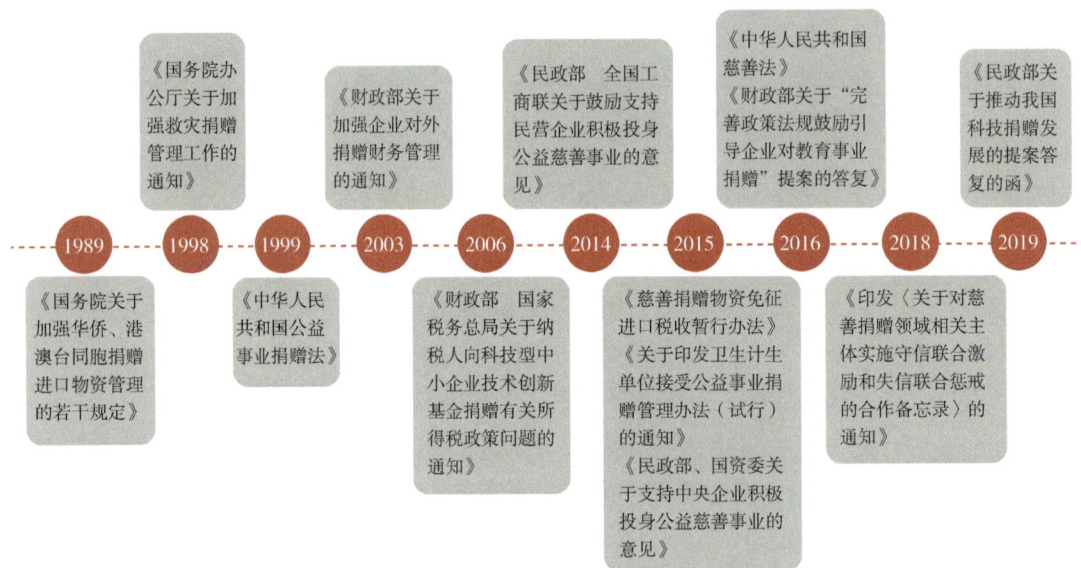

《国务院办公厅关于加强救灾捐赠管理工作的通知》

《财政部关于加强企业对外捐赠财务管理的通知》

《民政部　全国工商联关于鼓励支持民营企业积极投身公益慈善事业的意见》

《中华人民共和国慈善法》
《财政部关于"完善政策法规鼓励引导企业对教育事业捐赠"提案的答复》

《民政部关于推动我国科技捐赠发展的提案答复的函》

1989　1998　1999　2003　2006　2014　2015　2016　2018　2019

《国务院关于加强华侨、港澳台同胞捐赠进口物资管理的若干规定》

《中华人民共和国公益事业捐赠法》

《财政部　国家税务总局关于纳税人向科技型中小企业技术创新基金捐赠有关所得税政策问题的通知》

《慈善捐赠物资免征进口税收暂行办法》
《关于印发卫生计生单位接受公益事业捐赠管理办法（试行）的通知》
《民政部、国资委关于支持中央企业积极投身公益慈善事业的意见》

《印发〈关于对慈善捐赠领域相关主体实施守信联合激励和失信联合惩戒的合作备忘录〉的通知》